U0899930

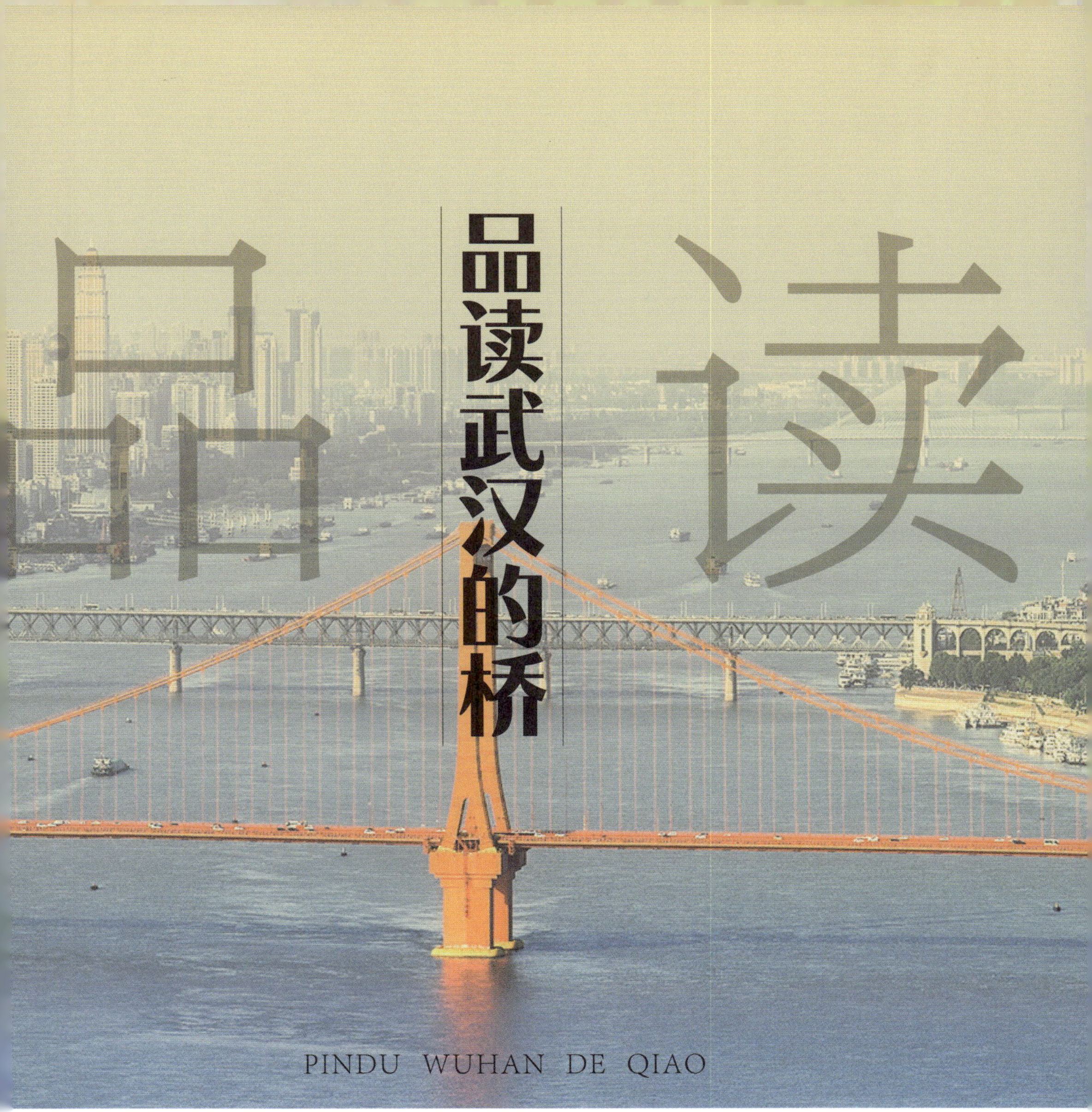

品读武汉的桥

PINDU WUHAN DE QIAO

武汉市政协文化文史和学习委员会
武汉出版集团公司 编

陈红梅 余启新 主编

武汉出版社
WUHAN PUBLISHING HOUSE

(鄂)新登字 08 号

图书在版编目(CIP)数据

品读武汉的桥 / 武汉市政协文化文史和学习委员会，武汉出版集团公司编；陈红梅，余启新主编. — 武汉：武汉出版社，2021. 11

ISBN 978 - 7 - 5582 - 3354 - 8

Ⅰ. ①品… Ⅱ. ①武… ②武… ③陈… ④余… Ⅲ. ①桥 - 介绍 - 武汉 Ⅳ. ①K928.78

中国版本图书馆 CIP 数据核字(2019)第 270282 号

品读武汉的桥

编　　者：武汉市政协文化文史和学习委员会
　　　　　武汉出版集团公司
主　　编：陈红梅　余启新
责任编辑：蔡文华　陈艾利
封面设计：沈力夫
装帧设计：刘　蕾
出　　版：武汉出版社
社　　址：武汉市江岸区兴业路 136 号　　邮　　编：430014
电　　话：(027)85606403　85600625
http://www.whcbs.com　　E-mail:zbs@whcbs.com
印　　刷：湖北新华印务有限公司　　经　　销：新华书店
开　　本：787 mm×1092 mm　1/16
印　　张：19.5　　字　　数：306 千字
版　　次：2021 年 11 月第 1 版　　2021 年 11 月第 1 次印刷
定　　价：128.00 元

本书编委会

名誉主任　杨　智

主　　任　陈邂馨

副 主 任　陈跃庆　吴志振　张明权　朱向梅　陈国方

主　　编　陈红梅　余启新

副 主 编　丁星火　杨　运

前　言

中国最长的河流长江及其最长的支流汉江在武汉交汇并穿城而过，形成了武汉三镇鼎立的格局。同时，由于一大批大小湖泊如明珠碎玉般散落于三镇，因此武汉又有“百湖之市”的美誉。奔流不息的江河、星罗棋布的湖泊，成就了“水都武汉”，而“九省通衢”的地理位置也决定了这座城市的发展方向——必须遇水搭桥，连通三镇。大江大湖造就了大武汉的气势，飞跨大江大湖的一座座桥梁在新的起点上重新定义了九省通衢的便捷交通。

“一桥飞架南北，天堑变通途。”以桥为路，变天堑为通途，是这方百姓挥之不去的梦想，也是伟人们经国济世的方略。20 世纪初，孙中山在《建国方略》之《实业计划》中就明确规划：“于汉水口以桥或隧道，联络武昌、汉口、汉阳三城为一市。至将来此市扩大，则更有数点可以建桥，或穿隧道。”但在“茫茫九派流中国”的旧时代，这一方略也只能是遥不可及的梦。直到新中国成立，武汉的桥梁建设才翻开了崭新的篇章。1954 年底，汉水铁路桥建成。1956 年 1 月，汉水公路桥建成。1957 年 10 月，被称为“万里长江第一桥”的武汉长江大桥建成通车，一代伟人毛泽东欣然命笔，一洗“沉沉一线穿南北”的阴霾，带领我们品读这座桥划时代的意义。

武汉的桥，以历史为脉，记录着这座城市的沧桑。北洋桥、浮山桥、狮子桥、孔叹桥、金水桥、自在桥……如今，武汉保留有近百座古桥，有的还是列入名录的重点文物保护单位。“栉风沐雨五百年，亘古一叹到如今。”品读这些古桥，也就读懂了武汉从古至今一路走来发生的变化，明晰了武汉在不同历史时期社会、经济、生活的状况；品读这些古桥，就像和一位洞悉古今的智者进行深度交流，让人不禁有“发今古之幽思，品时代之华章”的喟叹。

武汉的桥，以长江为脊，支撑起城市的时空。武汉长江大桥、武汉长江二桥、武汉军山长江大桥、武汉阳逻长江大桥、武汉青山长江大桥……如今在长江武汉段跨越天堑的大桥就有 11 座。品读长江上的大桥，它们使完整的京广线成为中国南北铁路交通大动脉，它们见证了新中国成立 70 多年以来中国桥梁建设艰辛曲折的发展历程，它们展示了中国由桥梁大国迈向桥梁强国并不断刷新世界纪录的辉煌成就。一座长江上的大桥，就是一部奋斗史，就是一个时代符号。品读长江上的大桥，我们品读的是社会主义建设的艰苦岁月，品读的是改革开放带来的巨大变化，品读的是武汉城市建设的伟大成就。长江上的大桥，就是长江经济带最美的天际线。

武汉的桥，以汉江为骨，延展着城市强健的体魄。橘红色的晴川桥、淡蓝色的古田桥、铁灰色的汉水铁路桥、“工业灰”的江汉湾桥……如今在武汉段跨越汉江的大桥就有 12 座。品读汉江上的桥，它们延伸着城市的交通轴、经济轴、文化轴、生态轴和景观轴，将城市画卷徐徐展开。它们顺应了自然，尊重了历史，传承了文化，写意了当代，是武汉一张张亮丽的名片。品读汉江上的桥，它们伴随着区域经济的持续发展和人民生活水平的不断提高，就像见证汉江不舍昼夜汇入长江一样，见证了武汉这座古老的城市奔向现代化的滚滚洪流。

武汉的桥，以湖泊为襟，在拓展城市功能的同时也装扮了城市。东湖大桥、沙湖大桥、后官湖大桥、黄家湖大桥、墨水湖大桥……一桥飞渡，长虹卧波，水陆相融，自然和谐。如今，在“百湖之市”的武汉，湖泊上浩渺的烟波与各式桥梁的英姿，已成为城市最美的风景。品读湖泊上的桥，它们凝结了武汉“碧水蓝天行动”的丰硕成果；品读湖泊上的桥，它们见证了武汉生态文明建设的历程；品读湖泊上的桥，它们为武汉这颗“都市明珠”锦上添花，让市民生活更加多姿多彩。

武汉的桥，以道路为带，织密了承载城市活力的网络。黄浦路立交桥、竹叶山立交桥、姑嫂树立交桥、航空路立交桥、中山公园的桥、中国地质大学（武汉）校园的桥……如今武汉的立交桥、公园里的桥、大学里的桥有几百座。“车水马龙过，凭栏休闲处。”品读立交桥，它们在畅通路网的同时，那高耸的主塔，似佛手，又似当空高歌的号角，或如巨笔在握，描出一条条腾空的巨龙，书写了一个腾飞的时代。品读公园和大学里的桥，那是人们休闲游玩的打卡点，也是读书思考的好去处。

大江大湖大武汉，大桥古桥立交桥。如今，在武汉的江河湖泊、闹市中心及远城新区，各式各样的桥梁超过千座。江上桥、湖中桥、城中桥，点缀了武汉这座城市的水、陆、空，使武汉成为名副其实的“中国桥都”。

不仅如此，武汉在桥梁设计、建造、施工、科研等各方面的超强实力也令世人瞩目。据统计，全国 70% 的长江大桥都是武汉造。武汉人建造的大桥，全部实现了中国设计、中国制造、中国施工、中国原材料，同等规模工期、质量国际领先，桥梁人才国际一流。武汉“建桥之都”的美誉早已蜚声中外。

在世界上，没有一座城市像武汉这样集壮阔江河、密集湖泊于一体，通过众多桥梁构筑城市网络节点、连缀市民日常生活。城因桥而兴旺，桥以城而驰名，这让江城武汉博得了“世界桥梁博物馆”的美誉，让这座“世界设计之都”越来越散发出迷人的魅力！

“你站在桥上看风景，看风景的人在楼上看你。”品读武汉的桥，它是一本本厚重的史书；品读武汉的桥，它是一首首昂扬的赞歌；品读武汉的桥，它是一幅幅美丽的画卷。时值中国共产党 100 周年华诞，品读武汉的桥，也是献给党的生日的一份厚礼！

陈红梅

2021 年 6 月

目　录

第一篇　见证沧桑事——武汉的古桥 …………………………… 001

凭栏十里芰荷香——古籍中的武昌古桥 …………………… 002
走马行兵，来往如梭——历史上的长江浮桥 ……………… 005
独倚红桥又一年——武昌北洋桥 ………………………… 009
一代名将与两座桥梁——武昌长虹桥与新桥 …………… 013
日暮乡关何处是——汉阳的古桥 ………………………… 016
总把新桃换旧符——汉阳的三眼桥与打鼓渡桥 ………… 019
小桥依旧让人流连——汉口的古桥 ……………………… 022
月光如水映古桥——江夏南桥 …………………………… 028
暮春时节寻古桥——江夏浮山桥 ………………………… 033
石鼓扬声叹沧桑——江夏彭家桥 ………………………… 037
万派朝宗江夏黄——江夏狮子桥 ………………………… 040
无言的诉说——江夏三眼桥 ……………………………… 044
在生命与时光的摩擦中——江夏土地堂老街古桥 ……… 048
旧貌不存，古桥依然——江夏青莲庵桥 ………………… 051
莲花并蒂开——江夏莲花桥 ……………………………… 055
铭刻在碑石上的岁月——江夏灵港桥 …………………… 058
玉砌金铺辉月明——楚昭园金水桥 ……………………… 062
栉风沐雨五百年——黄陂半河桥 ………………………… 065
云雾山下有故事——黄陂中分石板桥 …………………… 068
木兰山下古桥情——黄陂自在桥 ………………………… 072
托起山水融入画——黄陂龙墩桥 ………………………… 076
木兰庙旁古桥存——黄陂青石桥 ………………………… 078
历经沧桑的老者——黄陂张都桥 ………………………… 081
一桥两地津为通——新洲孔叹桥 ………………………… 085

石拱高宽为翘首——新洲张公桥 …… 088
柳枝摇曳唤英灵——新洲母子扁担桥 …… 091
乐善好施永世传——新洲贺婆桥 …… 094
做人之道德为首——新洲十家桥 …… 097
沧桑要道铺成卷——新洲拱背桥 …… 099
心诚则灵万事顺——新洲望仙桥 …… 102
青石花开永不败——新洲九口塘石桥 …… 105
苏陈别离传佳话——新洲心送桥 …… 106
舍子成桥美名扬——新洲洪嗣桥 …… 108
透过圆孔见繁华——蔡甸三多桥 …… 109
韬光养晦济民生——蔡甸马城桥 …… 111
平林新月人归后——蔡甸官桥 …… 113
小桥流水有新家——蔡甸同善桥 …… 115
不朽的丰碑——汉南南丰桥 …… 117
连通农场和城镇——汉南湘口桥 …… 119
汉南最早的桥——汉南幸福河桥 …… 121
振翼欲扬飞欧陆——汉南白马桥 …… 122
百年风雨依逍遥——东西湖戴公桥 …… 124

第二篇　天堑变通途——长江上的桥 …… 125

万里长江第一桥——武汉长江大桥 …… 126
百万市民看二桥——武汉长江二桥 …… 138
目送鸿雁飞斜阳——白沙洲长江大桥 …… 148
且看长江东流去——武汉军山长江大桥 …… 151
无尽春光在阳逻——武汉阳逻长江大桥 …… 153
巨伞撑起一片天——武汉天兴洲长江大桥 …… 156
悠悠长桥暗飞声——武汉二七长江大桥 …… 162
钢铁飞虹照古洲——武汉鹦鹉洲长江大桥 …… 167

驿使驰驱万国通——武汉沌口长江大桥 …………………… 173
山高我为峰——武汉杨泗港长江大桥 …………………… 177
又一张亮丽的武汉名片——武汉青山长江大桥 ………… 180

第三篇　彩练当空舞——汉江上的桥 ………………………… 183

第一炮一定要打响——汉水铁路桥 …………………… 184
汉江飞虹——江汉桥 ……………………………………… 189
高山流水遇知音——武汉知音桥 ……………………… 194
似月如琴寄星云——武汉月湖桥 ……………………… 196
沧浪之水至大别——武汉晴川桥 ……………………… 199
鸿雁长飞光不度——武汉长丰桥 ……………………… 202
铁龙一掷九万里——蔡家湾汉江特大桥 ……………… 204
蓝桥之上有佳人——古田桥 ……………………………… 206
友谊金桥通四海——中法友谊大桥 …………………… 209
佳期忍顾鹊桥路——蔡甸汉江大桥 …………………… 211
斜拉身姿舞翩跹——武汉四环汉江大桥 ……………… 213
汉江弯道架新桥——汉江湾桥 ………………………… 215

第四篇　长虹卧波美——湖泊上的桥 ………………………… 217

美哉，东湖——东湖的桥 ………………………………… 218
一湖荷花袭东沙——沙湖大桥 ………………………… 226
春到莲花湖——莲花湖的桥 …………………………… 229
月湖桥畔觅知音——月湖的桥 ………………………… 232
水光潋滟晴方好——南太子湖大桥 …………………… 234
野趣横生汉阳景——墨水湖大桥 ……………………… 236
坦荡通向生态城——严西湖大桥 ……………………… 238
蛟龙托我去远方——后官湖大桥 ……………………… 240
汤逊湖上桥几多——汤逊湖大桥 ……………………… 241
柳笛吹拂五座桥——金银湖环湖路景观桥 …………… 245

第五篇　车水马龙过——武汉的立交桥 …………………………… 247
繁华闹市一线牵——航空路立交桥 ………………………………… 248
武汉第一座高架立交桥——琴台立交桥 …………………………… 250
疏解堵塞强通道 ——大东门立交桥 ………………………………… 253
穿越校园的立交桥——喻家湖立交桥 ……………………………… 255
活力四射显生机——青年路立交桥 ………………………………… 256
流光溢彩显繁华——黄浦路立交桥 ………………………………… 257
鱼贯长龙通四方——岳家嘴立交桥 ………………………………… 259
双不对称堪称奇——竹叶山立交桥 ………………………………… 261
奏响城市交响曲——姑嫂树立交桥 ………………………………… 263
二环三环一肩挑——复兴立交桥 …………………………………… 265
形如蜗牛捷如豹——常码头立交桥 ………………………………… 267
轻风墨彩连鹦鹉——墨水湖立交桥 ………………………………… 269
笑脸相迎八方客——梅家山立交桥 ………………………………… 271
通车停车两不误——尤李立交桥 …………………………………… 273
金蝶展翅舞苍穹——红庙立交桥 …………………………………… 275
时代飞轮通四方——汪家嘴立交桥 ………………………………… 277
蝴蝶落地日正晨——新武黄立交桥 ………………………………… 279
第六篇　休闲凭栏处——公园大学中的桥 ……………………… 281
满园风光满园桥——中山公园的桥 ………………………………… 282
半是桂花半是桥——解放公园的桥 ………………………………… 289
漫步园中小桥边——武汉动物园中的桥 …………………………… 292
三眼桥与长亭桥——菱角湖公园的桥 ……………………………… 294
枫桥倒影入池塘——大学校园的桥梁 ……………………………… 297
附　录　桥梁脸谱——武汉桥梁之“最” ………………………299

第一篇

见证沧桑事—— 武汉的古桥

武汉的桥，以历史为脉，记录着这座城市历史的沧桑。如今武汉保留有近百座古桥，它们分布在武汉三镇和各个新城区，是武汉城市发展的印迹，是武汉不可多得的历史文化遗存，有的还是文物保护单位或作为地名被列入地名文化遗产保护名录。武汉中心城区的古桥，有的虽然已经见不到实物，但成了繁华地段的代名词，如武昌的积玉桥、解放桥，汉阳的青石桥，汉口的保寿桥、六渡桥、花桥等；有的则是一段历史的见证，如长江浮桥、武昌的北洋桥、汉阳的三眼桥等。江夏的古桥数量较多，历史悠久，主要有南桥、浮山桥、彭家桥、狮子桥、三眼桥、老街古桥、青莲庵桥、莲花桥、灵港桥、金水桥等；黄陂的古桥与山水相依，主要有半河桥、石板桥、自在桥、青石桥、张都桥、龙墩桥等；新洲的古桥文化底蕴深厚，主要有孔叹桥、张公桥等；蔡甸区的古桥灵巧向善，主要有三多桥、马城桥、官桥、同善桥；汉南区的古桥主要有南丰桥、湘口桥、幸福河桥等；东西湖的古桥主要是戴公桥。

凭栏十里芰荷香

——古籍中的武昌古桥

由于种种原因，武昌的古桥我们现在能见到实物的极少，多半只能从古籍的文字中去寻觅它们的身影。

在陆游的《入蜀记》中，可以看到武昌南湖上的桥。《入蜀记》是陆游入蜀途中的日记，共六卷，是中国第一部长篇游记。陆游于乾道六年（1170）八月抵达武昌（时称鄂州），他在这里停留了五六天，游览了名胜，参观了市容，观看了水站演习。他记下了所看到的景色："下瞰南湖，荷叶弥望，中为桥曰'广平'，其上皆列肆，两旁有水阁极佳，但以卖酒，不可往。"这座在风景区的广平桥，不仅有交通、观赏的作用，还有商贸功能。陆游看到湖中之景，想到黄庭坚描写湖景的诗句"四顾山光接水光，凭栏十里芰荷香"，定会觉得十分贴切。

武昌是明代楚王府所在地。第一代楚王是明太祖的第六子朱桢。其于洪武三年（1370）封楚王，十四年就藩武昌，到崇祯十六年（1643）张献忠的农民起义军攻克武昌火烧楚王府，两百多年的时间里，共有九代楚王就藩武昌。楚王府的建造耗费了相当多的人力、物力和时间，成为城中之城。在以王府为核心的武昌城内，共有九湖，为了方便交通，一是筑堤，二是建桥。如南湖上的广平桥、紫阳湖与长湖之间的紫阳桥、明月湖上的明月桥、黄鹤楼下的清风桥等，都修建得既实用又华美，成为一处处景观。有的桥更是直接由王府出资修建。可以推断，在王府里，桥梁定不在少数，而且必然是由能工巧匠修建，必然是精美绝伦的。

现今的紫阳湖及湖上小桥

可惜现在已见不到实物了。

明清时期的古桥，我们还可以从现存的遗迹中、从史志中、从地名中去寻觅它们的踪迹。

积玉桥 为石桥，《江夏县志》记为“鲫鱼桥”，建于光绪十三年（1887）。该石桥内空丈余，每逢春夏，湖水上涨，邻近居民多在此桥孔处捕捉鱼虾，因捕得的鱼以鲫鱼居多，故称“鲫鱼桥”。清末此桥为铜元局运送铜元的料车必经之地，取鲫鱼之谐音和堆金积玉之义，改名“积玉桥”。1931 年桥毁后仅留地名，沿用至今。1934 年在原桥址处重建钢筋混凝土桥墩，木面桥梁，1938 年又被毁，残留的桥基存至 20 世纪 80 年代，今不存。

解放桥 曾用名倩桥渡、王惠桥、中正桥，跨巡司河。明弘治年间（1488—1505）武昌知府冒政造舟为桥，名“倩桥渡”。明正德年间（1506—1521）周仪改建。明嘉靖年间（1522—1566）知府严中增修，藩王以木构桥，更名“王惠桥”，意桥乃楚王之恩惠也。康熙四十四年（1705）湖广总督喻成龙及知县洪国补选中这里，

画家黎雄才所绘的《武昌解放桥》

用木船作墩子，船上铺设木跳板，成为供行人行走的浮桥。1936 至 1937 年间浮桥被拆除，由武昌市政处招标，建筑商汉协盛营造厂承包，建成钢筋混凝土桥，称为中正桥。新中国成立后改名“解放桥”。1954 年，桥身、梁体被洪水冲刷塌毁，1957 年 1 月由武汉大桥局第二桥梁工程处修复。桥长 65.95 米，是武昌最早的一座四跨梯钢筋混凝土中型桥梁。20 世纪 50 年代，大画家黎雄才曾到此桥写生，留下了画作《武昌解放桥》，描绘的可能是此桥修复时的情景。画作表现了武昌解放桥附近热火朝天的劳动场景，画中右边出现的桥墩，可能就是修复中的桥梁。

老人桥　位于武昌南湖机场到狮子山华中农业大学的公路上，跨南湖港。该桥原名长寿桥，始建于公元 1411 年。明正德年间，胡王连募资重建。1963 年 2 月由市政部门改建成为两孔 3.3 米钢筋混凝土板梁桥，名为老人桥，可通行荷载 13 吨以内的车辆。

李家桥　位于武昌城南约 20 里的古驿道上，跨巡司河。该桥古名“宏济桥”，清康熙年间（1662—1722）由张之藩倡建，为三孔石拱桥。乾隆年间（1736—1796）由程炳重修。咸丰三年（1853）太平军攻克武昌时，该桥被清军毁坏。同治八年（1869）修复。1956 年，该桥由武汉市水利工程公司培修加固。

（文 / 余启新）

走马行兵，来往如梭

——历史上的长江浮桥

浮桥是用船、筏等渡河工具及其他浮体搭架而成的桥梁。浮桥有拼架比较快速的优点，但浮桥阻碍通航，经不起大的风浪，所以只能作为临时应急之用，故浮桥往往成为战争和救灾的工具。

在长江武汉段江面上，曾经两次因为战争架设过浮桥。

一次是在明末农民战争中，张献忠率领的农民起义军在武昌之战中于长江上架设浮桥。

崇祯十六年（1643）三月，张献忠在接连攻下黄梅、广济、蕲州、蕲水、黄州、汉阳后，兵临武昌城下。时明朝平贼将军左良玉退走，承天巡抚王扬基西逃。武昌城内守军一无粮饷，二无斗志。长史徐学颜请求楚王朱华奎拿些钱出来犒赏军队，可楚王一毛不拔。张献忠没经什么大战，很快就占领了武昌。

张献忠在武昌只待了 3 个月，到六月份，崇祯皇帝命令左良玉率大军围剿张献忠。左良玉是明朝悍将，张献忠不敌，只得撤退。据谷应泰《明史纪事本末》记载："六月丙戌日，皇上命令平贼将军左良玉集中兵力专门进剿张献忠，不可按兵不动，空耗粮饷……"张献忠得知这一消息，于戊午日命令手下四名大将守卫武昌，在金口搭架浮桥，将军队全部运到西边，把水师屯于湖中，计划向岳州移动。由于有了这座浮桥，当明朝军队由东边逼近武昌时，张献忠的部队已通过浮桥过江西撤，由咸宁、蒲圻南下进攻岳州、长沙去了。

这里要特别提到的是，张献忠当年架设浮桥的金口，即现在武汉市江夏区金口街道，距武昌 20 多千米，300 多年后建成的军山长江大桥就在这附近。

另一次架设浮桥是在近代太平军攻克武昌的战役中，这一次出现了四桥浮江汉的壮举。

洪秀全于 1851 年 1 月 11 日发动了金田起义，通过两年的转战，太平军由广西攻入湖南，挺进湖北，于 1852 年 12 月直逼武昌。

建于武昌江滩的太平军碑

在向武昌进军时，太平军是水陆并进的，“从岳州起程，千舡健将，两岸雄兵，鞭敲金凳响，沿路凯歌声，水流风顺，计数日驻营鹦鹉洲”。船队占领鹦鹉洲后，与北岸一路配合，攻占了汉阳，有了一个立足点，并利用攻占汉阳夺取的钱、粮、布帛补充了部队的给养，建立了此次战役的大本营，也形成了进攻武昌的滩头阵地。南岸一路也将武昌城包围起来。但汉阳与武昌之间隔着一条浩瀚的长江，太平军虽有不少战船，因江面宽阔，摆渡费时，倘遇大风，就得停航，兵员和物资的运送都得停止。依当时的形势和条件，要克服长江、汉水的阻隔，面临极大的困难，非有大智大勇不可。太平军作出的决策就是修建浮桥。

修建浮桥以攻克对岸之敌是太平军惯用的战术，但长江、汉水毕竟不同于一般的河浜，这里江宽、水深、流急，而且正处在激战时期，时间紧迫，架设浮桥必须尽快完成。完成后，还要防止清军的袭击破坏。当时，太平军面临的是三大难题：选择在何处架桥？如何快速架设桥梁？桥架成后如何有效地保卫桥梁？

太平军于1852年12月24日首先在长江上架设了两座浮桥，“上由鹦鹉洲至白沙洲，下由南岸嘴至大堤口”。建于上游的是汉阳鹦鹉洲至武昌白沙洲的浮桥，此桥的架设利用了冬季水浅且两岸边各有沙洲的条件，这一桥位正是2000年建成的武汉白沙洲长江大桥的桥址线。位于下游的是汉阳南岸嘴至武昌大堤口的浮桥，其桥位离1957年建成的万里长江第一桥——武汉长江大桥不远。太平军在29日攻占了汉口后，又在汉水上架设了一座浮桥，与1954年建成的汉水铁路桥桥位大致吻合。在攻下武昌城后，太平军为方便军用物资的运输及民众的经商往来，又在汉阳的龟山与武昌的蛇山之间架设了一座浮桥，这里是江面相对比较狭窄的地方，正好与武汉长江大桥的桥位一致。从这4座浮桥的位置来看，太平军对桥位的选择是正确的。

这4座浮桥特别是前两座浮桥，是在两军对垒、激烈交战的情况下架设的，清军不断地从武昌城上用炮轰击江面上的太平军战船，这样，浮桥的架设自然不可能从容为之。太平军是在一夜之间架起这两座浮桥的。如何架设呢？“用艨艟大舰排挤江心，取鹦鹉洲木条、汉阳城内板片，面搭浮桥数座，直贯武昌城下。”这些船舰先是几艘几艘地拼在一起，然后以铁索连接成桥，最后在两岸固定。由于风浪太大，浮桥曾经被撕断过，所以又采取了抛锚固定的办法，从浮桥上将数十斤重的大铁锚一节一节地抛入江底，使桥身得以稳定，不惧风浪。能够在这样短的时间内在长江上架起这样大的两座浮桥，可见太平军架桥技术的高超。

在战争中，浮桥架成后，保卫其免受破坏是最为重要的。事实上，浮桥建成后，武昌城的守军就意识到必须水陆同时进攻，破坏浮桥，切断太平军内部之间的联系，才能够取胜，而且想到了火攻。但太平军护桥的手段非常高明、完备。“浮桥之头，预点司炮，兄弟在彼埋伏，预备兄弟胜兵，有妖跟后，开放炮火，以阻妖魔来路。”这是对付陆路来犯者。那么水路呢？太平军采取夹江为营与夹河为营以防卫的办法。浮桥边以木桩护卫，不容敌船靠近，两岸又驻有重兵，可以与水军互相策应，自然就让清军无从下手。清军曾记录了当时的情形，并绘有示意图。

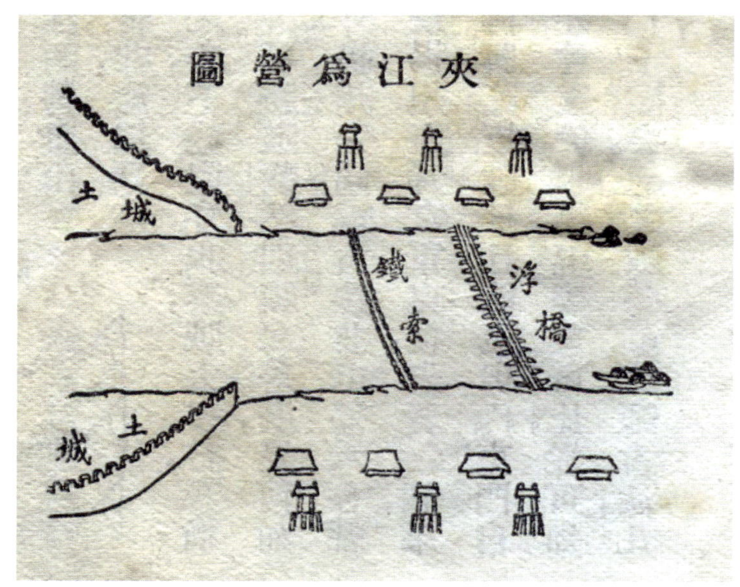

清军所绘的“夹江为营”示意图

长江、汉水上4座浮桥的成功架设和有效防卫，使太平军在波涛汹涌的长江上来往十分自如，保证了武昌攻坚战的胜利。1853年1月12日，洪秀全发布了进攻武昌的命令。太平军大队人马由汉阳经浮桥开到武昌城下，在文昌门炸开一个90米宽的大口子，一拥而入。经过一整天的激烈巷战，太平军攻克了武昌城，给予清廷以沉重的打击。

太平军架设浮桥攻克武昌，是战争史上的成功范例，也是桥梁建设史上的一个奇迹。

（文 / 余启新）

独倚红桥又一年

——武昌北洋桥

北洋桥全景

北洋桥又名北杨桥、北阳桥，位于今武汉市洪山区北洋桥路。桥下有一条小河，曰青山港，河水下接东湖，上连青山，经武丰闸入江。武丰闸为黎元洪所建，用以排东湖、沙湖的洪水。青山港把北洋桥村从中隔开，分为两半，成为村中一景，别有情趣。在历史上，由于这里是武昌的门户，最早是以军事要地出名的。隋唐时期，此处也常作为屯兵之所。这里也是东南祁郑湖与西北余家湖的交汇处，曾是淮、扬、荆、襄、沔、黄、蕲诸路客商往来的必经之路。

北洋桥是武汉市历史最悠久的古桥，兴建于唐代。桥为拱桥，长 50 米，宽 7~11 米。桥两头宽，中间窄，拱桥跨度 14 米，净跨 10 米。桥身由红砂条石砌筑。我们现在见到的北洋桥是明代重建的。

明代的桥梁数量不少，但大多数是对前代古桥的修缮、改建，即使重建，也

桥头所立的石碑说明桥兴建于唐代

桥头石狮形态威武

是利用老桥的基础，不仅桥址不变，连桥型、桥名也未更换。这样一来，虽然保护了很多桥梁文化遗产，但桥梁建筑技术的发展就很难实现了，武昌北洋桥的修建就是如此。

北洋桥于明代正统元年（1436）因桥毁重建，距初建相隔至少有 500 多年。但这次重建并不成功，因为采取的重建办法是在两岸浅水处先打上木桩，再以竹笼装上石块放置于桩上形成墩子，再在墩上搁置木板成为桥梁，所以很快就墩陷桥断，此后屡建屡毁。从唐代到明代这段时间并未有重建北洋桥的记载，而此要津是不可能长期被水阻隔的，可以推断唐代的那座桥梁一直在履行着自己的职责。有人认为唐代所建乃竹木桥，恐不确实。桥端明代所立的《楚城白杨石桥碑记》因字迹漫漶，无法辨认，另一块民国初年所立石碑中仅言“此桥兴自唐代，名曰北洋，明清二代，屡建屡圮，行人苦之”。明代正统年间打桩筑墩修的桥尚且经常垮塌，仅以竹木搭建之桥岂能长存？因此唐代修建的北洋桥应该是一座质量优良的石拱桥。

明代弘治十七年（1504），距正统年间那次桥梁重建仅 60 多年，当时在江夏县做官的周玺路过桥址处，见到待渡者达二三百人，显然，桥梁已经又一次被冲毁了。更可叹的是，摆渡者非五升谷不渡，但即便索价甚高，要渡河的人还是蜂拥而上，结果因舟小人多导致渡船翻沉，淹死多人。周玺见此惨景，决意重修

桥头树立的“武汉市文物保护单位”石碑

一座牢固的桥梁。

周玺将渡口所见及修桥的想法告知了好友陈延英，得到了陈延英的支持。陈延英不仅捐银千余两、米百余担，而且与周玺一同参与具体的组织策划。他们“选定桥址，确定桥型，征集石匠 100 余人，组织村民从蒲潭山运青石 1.2 万余片，水下用硬木打桩，桩顶砌厚密青石，用红砂石砌拱”。这一方法是在原来的桥型基础上对施工方法进行了改进。重建的北洋桥全长 50 米，宽 7.76 米，拱跨 10 米，拱高 6 米，可通行篷船。桥由长 40 厘米、宽 25 厘米、厚 15 厘米的红砂石砖砌成，桥体坚牢，造型典雅。北洋桥在当时不仅是重要的通道，而且也是一处景观。桥建成至今已有 500 余年，其间经过 3 次维修，时至今日仍旧承担着繁重的运输任务。

然而，北洋桥也经历过许多磨难，除了自然灾害，在现代也遭受过不少人为的破坏。

1938 年的一天，一群日本兵开着辆坦克企图从北洋桥上通过，上百名村民拿着锄头、镰刀、棍棒冲上桥头，与日本兵对峙并发生激烈冲突，两名日本兵被打死。次日，日本兵进行疯狂报复，动用了枪炮。结果，一名村民被枪杀，村里所有青壮年男女全部被迫外逃，北洋桥虽得以保存，但也遭到了一些破坏。

“文化大革命”期间破“四旧”，北洋桥上石碑的碑檐被砸烂，石碑被推倒，村民们自发组织起来保护石碑。村民王树声和另外几位村民用牛车将石碑运到一地沟边，将其当桥板使用，才使它免遭劫难，但碑面后来逐渐磨损。

1988 年，北洋桥被武汉市政府定为文物保护单位。1995 年，有关部门组织对桥面进行了全面维修，1996 年，又对其进行了重新装饰。维修装饰后的北洋桥古朴庄重、结构坚固、造型精巧、线条流畅，极具层次感和韵律感。桥头伫立的两座石狮雄壮威武，就像守卫桥的忠实卫兵。引桥和桥面都用青麻石铺垫，不宽的桥面，竟然实现了人车分流，中间是平坦的车行道，两边是阶梯式的人行道。

“武汉市文物保护单位”的碑立了，桥也被装饰一新，然而桥仍面临被破坏的隐患。为了防止大型车辆碾压，当地居民与文物部门一道，在引桥的两边修起了一个八字形的“防护墩”，禁止 2 吨以上的车辆通行，还在桥两头安装了限高架。这也是为保护古桥所付出的努力。

（文 / 余启新）

北洋桥位于洪山区和平街道北洋桥路。

一代名将与两座桥梁
——武昌长虹桥与新桥

谈晚明的历史，似乎绕不过熊廷弼这个人。万历四十一年（1613）熊廷弼因被弹劾回到故里，一待就是近 7 年。

熊廷弼回乡后，眼见家乡频遭水患，堤坝、道路、桥梁年久失修，决心利用自己的声望和影响出面组织修复重建。他联络士绅筹资，请求官府拨款，督修了武昌、嘉鱼、咸宁、蒲圻间的四邑公堤、武金堤及荞麦湾子堤共 300 里，又加固了石湖、后湖、大城垸、五丰垸等处之堤。除了修建堤防，他还着重修建了几座桥、闸。

长虹桥就是熊廷弼主持重修的几座桥之一。它位于现在武汉市武昌区中山路栅栏口至巡司河路、南湖花园的路段上，桥跨晒湖通巡司河的港汊。传说该桥最早为唐朝开国元勋尉迟敬德所建，据现存资料记载，早在明朝正德十三年（1518），该桥已经存在。桥的得名，一说是因为桥头夜燃油灯，光彩似长虹，一说是取自杜牧《阿房宫赋》中“长桥卧波，未云何龙；复道行空，不霁何虹”之句。

早年，这里是武昌通往南方各省的驿道。据熊廷弼所撰的《邑南堤桥记》记载，该桥位于路堤之上，而路堤为“邑南各省通衢”，可见此桥是鄂、湘、粤、桂驿道上的必经之处。

熊廷弼在修建邑南堤时对此桥进行了重建。桥长 30 米、宽 13 米，为 3 孔拱桥，孔径均为 5 米。桥由砖砌筑而成，砖经过磨平后以糯米浆加石灰调制粘接，十分牢固。

熊廷弼主持重建的长虹桥非常坚固耐用，此后仅在清朝同治五年（1866）对桥体的一些剥蚀空缺之处用砖进行了填补。清代，长虹桥一带已经形成较大的集市，是水陆通道及商业活动点。由于长虹桥位于武昌南城墙下，是通往中和门、保安门、望山门的要道，所以太平天国运动、辛亥革命、北伐战争时这里都发生过激烈的战斗，如辛亥革命武昌首义时，起义的马队、炮队、武建营部队就是从此桥进攻督署的。

新中国成立后，长虹桥仍在发挥作用。1983 年，武汉市人民政府将长虹桥列为武汉市第二批文物保护单位，在对该桥进行排水工程改造时，将桥的两个边孔封堵，仅保留中孔作排水管道，并在桥面两边各辟出 1 米宽的人行道，实行人车分流。因为桥前有一处京广线的铁路道口，常造成车辆、人员的拥堵，桥上的荷载也就极不均匀，这对桥是一个严峻的考验。后来那一带进行道路改造，一些小河、湖汊被填平成为道路，桥自然就消失了。原来的桥梁成为大道，只有“长虹桥”作为路名保存了下来。

熊廷弼主持修建的另一座桥是新桥。新桥位于武昌城南的巡司河上，连接复兴路与兴隆街。巡司河原是为了排泄堤内汇水、渍水而挖掘的，如果堤内水位高于长江水位，就可以自然排泄；如果低于长江水位，江水就会倒灌。所以，当年熊廷弼在修堤、桥之时，还在巡司河上修建了堤闸，这就是有名的武泰闸。武泰闸既可以通过闸板来拦水、放水，亦可通车马行人，兼有桥梁的功能。新桥的设计者也考虑到了它的拦水功能，对桥梁的结构进行了巧妙的改造。新桥为一座梁桥，桥长 32 米，车道宽 5 米，河中筑有两座红砂石墩，两墩间主跨约 10 米，墩为梭形，以减少阻力，有利于水的排泄，墩上搁置板材形成桥面以供行人通行。

废弃后的武泰闸

清康熙年间，湖广总督额伦特对新桥进行了重修，故后来人们又称该桥为额公桥。额伦特是康熙五十二年（1713）被任命为湖广总督的，康熙五十四年（1715）即受命前往山西处理太原知府赵凤诏贪墨案，康熙五十五年（1716）又被调往西部作战，三年后战死。由此可知，该桥重修当在康熙五十三年（1714）前后。

新桥在两墩临水面的中间部分留有两条闸槽，水涨时插上木板，中间填土，便是一道闸门，可在汛期阻挡江水，以防农田民宅被淹。由于它位于武泰闸前，可能是第一级拦截，如果水位再高、水势再大就得靠后面的武泰闸来抵挡了。不过，这种方法容易造成泥沙的淤积，所以隔段时间就得疏浚河道。

（文／余启新）

长虹桥与新桥位于武昌区紫阳街中山路栅栏口。

日暮乡关何处是

——汉阳的古桥

据资料记载，汉阳的清代古桥有25座，其中月湖上有9座，包括大清桥、并子桥、高公桥、月湖桥、西门桥、桥上桥、东月湖桥（以上为石拱桥），以及一字桥、吊孚桥。湖塘、夹河上（汉阳城西护城濠）的桥有4座，分别是洗马口桥、迎春桥、小巷桥、业林桥。还有12座在其他水系，包括三眼石桥、琴塘桥、慈渡桥、石桥、迎恩桥、南泼桥、王公桥、段家桥、聚仙桥、永安桥、永利桥、问善桥。下面介绍几座较为著名的桥梁。

迎春桥　在原汉阳县治以西一里，跨越永济港（今夹河），连通汉阳古城与十里铺之间的驿道，大致位置在今西大街与鹦鹉大道交会处。

西大街与鹦鹉大道交会处（郑义华　摄）

这座桥始建于宋大观初年，是武汉有记载的最早的跨水桥梁。明嘉靖《汉阳府志》记载：“迎春桥在县治西一里，宋大观建。石上刻‘迎春’二字。”不过，旧志对迎春桥的记载存在一些差异，另有迎春桥在莲花堤上之说，认为该桥连通凤栖山（今凤凰山）、大别山（今龟山），是月湖通道上的一座人行桥。此外，还有一种说法，认为它在汉阳城南门外的湖上。

永安桥（西门桥） 永安桥坐落在汉阳城西二里，跨夹河，在今天的西桥路南段，即西大街与西桥路交会处。它始建于元末，是汉阳古桥中最负盛名的人行桥。此桥大约在明初遭毁，明成化三年（1467）通判石磐重建，并在桥上建关，名“西关”。明代《汉阳府志》记载：“永安桥，即西门桥，在县治西二里。成化三年通判石磐修，弘治年间重修。”清代《汉阳县志》记载：“西门外护城濠有古桥，称西门桥。”

西桥路北口（郑义华 摄）

这座桥在其他史籍中也有一些记载，它是单孔石拱桥，桥长约6米，宽约2米，皆用红麻石砌成，濠水与桥相距二三丈。永安桥连接汉阳城的凤山门（即西门），是陆路通往京城的唯一通道。历代官府迎宾送客及民间迎亲送友，都在桥边接风拜别，以图“永安”之意。后来，这里也是人们郊游月湖、古琴台、归元寺的必经之路。

从前，西门桥下有一条通往月湖、夹河的水道，两岸民居多为吊楼。1927年，汉阳的古城墙被拆除，西门桥不存。新中国成立后，这一带盖了许多房子，形成了居民区，护城濠被填平修路，即西桥路，1967年更名胜利路，1972年恢复西桥路之名。

西桥路位于鹦鹉大道西侧，南北走向，北接汉阳大道，南连翠微路，中段穿过西大街，长约376米，宽7米。

西桥路南口西侧就是有大约360年历史的归元寺。

高公桥 清乾隆年间的《汉阳府志》及同治年间的《续辑汉阳县志》对该桥均有记载，称“高公桥，在杨柳堤，上有凉亭”。清雍正十年（1732），汉阳郡守高纲主持维修杨柳堤，他又与绅士甘昌祺捐资，在中段堤上修了一座石拱桥，高出堤面许多，该桥后因杨柳堤改名为高公堤而改称高公桥，又称高拱桥，之后又出现高公街。

杨柳堤始建于明正德初年，因该堤将长江与东月湖隔断，阻断了江水的内浸，始称“免溺堤”。明万历三十五年（1607）复修该堤，堤上遍植杨柳，故又称杨柳堤。清《大别山志》所辑《建修免溺堤记》记载：“汉郡治之东北隅有杨柳堤者，踞龟山之左偏，傍月湖之右臂……为士民九达之通，舟车四集之胜地也。往时垂杨夹岸，高柳覆堤……”

汉水入江口（郑义华　摄）

清末，因建汉口集家嘴到南岸嘴的渡口，高公街渐渐被填埋。20世纪80年代，人们在修建道路时发现了高公桥的遗存。1998年，因汉水入江口拓宽及南岸嘴驳岸堤建设施工，高公桥终无痕迹。

青石桥　顾名思义，是用青石修建的桥。它位于汉阳城西南一带，即今汉阳青石桥一带，鹦鹉大道东侧。明清时期，这里可能是一片水域，人们以青石筑桥，后来水洼渐渐被填平，一些人陆续来这里筑屋居住。

青石桥路南口（郑义华　摄）

新中国成立后，这里成为人口密集的居民区，青石桥消失了，但小路仍是青石条铺设，时间长了，被踩得很光滑。小巷两侧的房屋皆是木屋，巷子里有一个公共水站，水站的建筑是一间极小的木屋，人们每天拎着木桶在这里打水，这是小巷日常生活的一个场景，后来成为不少人的童年记忆。“青石桥”现已成为汉阳的一个老地名。

（文／郑义华）

总把新桃换旧符

——汉阳的三眼桥与打鼓渡桥

汉阳三眼桥地处永丰街境内，在汉阳大道与琴断小河交汇处南端，连通汉蔡路（汉阳大道），西接三眼桥村，东靠米粮村，南邻陈家咀村，北面与汉蔡路新路并列。此处路段为永丰堤顶路，东经孟家铺立交桥接汉阳大道至汉阳城区中心。

三眼桥（永丰闸桥）（郑义华　摄）

三眼桥下的水道及东侧，原为由北向南流、宽约 2 千米的古汉水河谷，今三眼桥东的桥下水道南为长港，北为经过琴断口闸通汉江的琴断小河，是汉阳内湖与汉江连通的唯一水道。

三眼桥连接的老汉沙公路（老汉蔡路），从隋唐时期至清末一直是汉阳通往外地的一条驿道。驿道到此，被向南流进朱湖、龙阳湖的汉水所隔，此处是官差、百姓过往的重要渡口，官方在这里设官渡，专供各级官吏、驿马邮差过渡，被称为平塘渡。老百姓若从蔡甸、快活岭等地去汉阳城，也从这里过渡。平塘渡一直使用到明代以后。

三眼桥可说是汉阳唯一的古桥。明成化初年，汉水改道，由米粮山、仙女山以北向东进入长江，平塘渡的水流减弱，后来汉水河道稳定，人们募捐集资在此筑堤修桥。因渡口原来分为官渡、民渡，桥依旧建两座，分为官道桥、民道桥。

有关汉阳三眼桥的来历，还流传着一个故事：过去汉阳有一个盐商，女儿逃婚离家，与一个渔夫成亲。二人捕鱼，兼营盐运，后来成为盐商。他们卖掉3条盐船，修建了一座3孔石桥，平常在桥头卖鱼汤。时间长了，乡民都知道这座桥是3条盐船换来的，于是为桥取名“三盐桥”，因为这座桥有3孔，后又改称“三眼桥”。

具体来说，汉阳现存的三眼桥有三座。

第一座是1955年汉阳县人民政府修复的桥闸合一的三眼桥，叫“永丰闸桥”，长约50米，宽3米，现在被当作闸使用，行人也可通行。2011年3月，武汉市人民政府确定其为武汉市文物保护单位。

第二座是20世纪70年代初在闸桥北侧的汉蔡路修建的一座三眼桥，桥长50.85米，宽9.6米，净跨径22.16米，上部结构为微弯板工型钢结构，下部结构为钻孔桩基础、重力式桥台。这座桥是汉阳通往蔡甸、汉川、孝感等地的交通要道，建成数十年来，特别是在宜黄高速公路、汉蔡高速公路建成以前，一直是武汉市西南的重要通道。

第三座是2010年在老汉蔡路（汉阳大道）三眼桥以北约10米处新建的一座桥，较宽，连接汉阳大道，市内的公交车从这里经过。

汉阳打鼓渡原名鸡公咀，有一条旱路与外界相连，周围皆为湖泊。走这条旱路到快活岭，经十里铺、七里庙、五里墩可到达汉阳城。鸡公咀是附近的南湖咀、辛家咀这些在湖汊深处的渔湾村落通往外界的主要交通渡口。

打鼓渡的由来有这样一个故事：明末清初时，渡口住着一对夫妇，他们行善积德，依靠种地养鸡为生，不分昼夜划船送人过河，且不收分文。后来他们年纪大了，雷雨天的晚上听不见河对岸的喊声，也看不见人影，于是有人就在河对岸架了一面鼓，若过路人需要过河就敲鼓，这对夫妇听见了，就划船过来。这样，渐渐有了“打鼓渡河”的说法。

打鼓渡有一条连接后官湖与三角湖的小河，叫“打鼓渡河”，长约2千米。河上建了一座桥，即打鼓渡桥，它位于汉阳区永丰街郑家咀村西部，跨越打鼓渡河，

打鼓渡桥（郑义华 摄）

东南可达武汉经济技术开发区，东北距汉蔡路（汉阳大道）约 4 千米，东距 318 国道约 4 千米。该桥长 48 米，宽 5 米，全桥有 8 个桩柱式桥墩，采用简支梁结构，桥下可通船，桥上可通行中型车辆。该桥始建于 1987 年，1988 年 1 月竣工。

现在，这座桥破损较为严重，桥墩的水泥大片剥落，部分栏杆也已经垮了。

打鼓渡桥的东边新建了一座混凝土桥，连接着一条新公路，通往南部的开发区。该桥紧邻郑家咀村西，东北距汉阳大道快活岭 5 千米，长 61 米，宽 5.5 米，跨度 30 米，桥面呈弧形，桥栏由仿汉白玉石制成，雕刻桃形图案，整座桥显得古朴典雅。

（文 / 郑义华）

汉阳三眼桥（永丰闸桥）位于汉阳区永丰街境内，在汉阳大道与琴断小河交汇处南端；打鼓渡桥位于汉阳区永丰街郑家咀村西部。

小桥依旧让人流连

——汉口的古桥

2014年5月16日的《桥梁建设报》登载了记者袁烜一篇名为《300年古桥现身武汉闹市》的报道：

近日，有媒体接到家住汉正街的刘老先生的电话，称硚口的最后一座石桥——保寿桥，现在被淹没在一片商摊之中。

据了解，硚口依汉水兴起，古时多河流滩涂。汉正街这片繁盛之地，昔日却有一条玉带河，河上曾建桥30余座，如多福桥、燕山桥、延寿桥等，后来河流淤塞，仅存保寿桥。这些桥皆以石头砌成，因此这一片就成了"硚口"，这一地名沿用至今。

"现在武汉三镇城区内，真正建于1840年以前，能称之为'古建筑'的只有7处，归结为'四塔二桥一牌坊'，即洪山公园的无影塔、洪山宝塔，黄鹤楼景区的胜像宝塔，汉阳公园的石榴花塔，武昌的白洋桥、汉口的保寿桥，汉阳的共勉街牌坊。其中，只有洪山宝塔、白洋桥和保寿桥还在原址。"武汉民俗专家刘谦定介绍说。

记者上网查询后惊奇地发现，保寿桥还是武汉市的市级保护文物，保护范围为东西面至桥栏板外10米，南北面至桥端外20米。但显然，保寿桥如今并没有享受"市级文物"待遇。

位于拆迁区域的保寿桥遗址

保寿桥又名玉麟桥，始建于清朝康熙初年，由于该桥是山陕会馆（西关帝庙）往后湖的必经之地，清朝道光十四年（1834），山陕水烟号商人集资将其重修。桥长3丈，宽丈余，条石桥面。

现在的保寿桥，桥面已经被水泥覆盖，成了道路的一部分，两侧石栏藏身拆迁废墟之中，保护范围内堆满了砖块、木头以及建筑垃圾。新砌的围墙已被扒开，露出了花岗岩石栏，“保寿硚”3个楷书红字依稀可辨，“保寿硚”才是桥的本名，这座桥目睹了汉正街的惊人变迁。

目前，保寿桥石栏上方的门面在拆除了一半后已暂停施工。

在两年后的《武汉晚报》上，笔者见到了关于对这座古桥进行保护的消息(《汉口最老古桥下月平移保护》）：

汉口地区现存的最古老石桥——始建于清代的保寿桥，目前正在进行修复前的准备工作，将于下个月进行暂时性的平移保护。一年后，保寿桥仍会迁回原址，并且永久性地保存在地下空间供市民参观。

记者在保寿桥位于长堤街多福路的旧址看到，目前保寿桥仅主桥桥体和西侧的挡水墙保存于世。现场有10余人正在对桥体进行保护性施工，部分桥身和防水墙在使用彩条布包裹之后，已经在最外侧用水泥“现浇”了一层外壳进行加固。

市文化局文物保护专家张颂明介绍，目前只是对保寿桥桥体做包砌保护，这也是桥体修复的前期准备工作之一，主要保证桥体在后面的修复、保护过程中免受损害。桥体保护方案总体遵循原址保护原则，目前桥体保护已纳入汉正街商务区的整体建设计划中，“施工单位还会将桥体周围的渣土、石料进行收集打包，这些材料对桥体修复十分有用。”

据负责保寿桥文保施工的天演移位公司一名负责人介绍，保寿桥已有300余年的历史，由于年久失修，桥身已经十分脆弱，再加上此前国内对古石桥的平移工作开展得并不多，整个工程只能靠人力完成。对于具体的平移方法，他表示，将类似于大楼的平移，先对桥体进行加固，随后进行铺轨，最后循轨道进行移动。整个施工将分为两个阶段：首先将桥进行固定后，平移至西南侧20米外的空地上；然后在原址上挖掘一处地下空间，再将桥平移回原址。“这样既保证桥回到原位，又可使市民近距离参观。”第一阶段的保护工作已在本月初正式启动，将持续两个月，预计9月底前完成桥体平移。一年后，待地下空间修建完成，将启动第二阶段工作。

作为目前汉口现存最古老的桥，保寿桥始建于1662年，是当时玉带河上50余座桥之一。新中国成立初期，保寿桥下的玉带河尚有河水。其后，随着环境的变化，河道逐渐被废弃，被填平成了街道。保寿桥的桥面也被水泥覆盖，成了保寿巷的一段路面，只能见到青石桥栏。在今年年初，经过局部发掘，保寿桥终于重现原貌。

以上两则报道中，都提到保寿桥这座有300余年历史的石桥是汉口现存最古老的桥，还提到保寿桥原名保寿硚，位于汉口的硚口区。“硚”是一个地名用字，从字义来看，它应该是表示石造之桥。“保寿硚”作为一个古老的桥名，“硚口”作为一个古老的地名，蕴含着太多历史的内容，成为那个时代的标志，以“木”换“石”，好像一下子就抹去了三四百年的岁月。

在汉口现存的古地名中，有硚口、六渡桥、保寿桥、三眼桥等，都是当年汉口实有的桥梁的见证。确实，汉口那时的小桥可真不少！

汉水改道后，沿汉水入江口，逐渐形成街市，但因地势低洼，易受水淹，特别是春夏之交，洪水一来，这里更成泽国。明崇祯八年（1635），汉阳县通判袁焻主持修建堤防。堤长10里，上自硚口，下至堤口。堤成后，水患的威胁大大减轻，堤的南侧渐有人筑房居住，最终成为街道，因房皆建在靠墙一侧，街道遂被称为“半边街”。当年修堤时，因要取土，便在堤内挖了一条两丈宽的壕沟，该壕沟引进汉水，水随后流入长江，壕沟逐渐成为一条小河，因沿着长堤蜿蜒，形如玉带，被称为玉带河。随着时间的流逝，河岸杨柳成荫，美丽异常，成为人们经常游览的地方。人们又在玉带河与半边街之间架起了一座座小桥，小桥或石或木，各具形态，为玉带河增添了不少光彩，历来有不少文人写诗撰文赞叹。如硚口，就是玉带河上汉水进口处的一座石桥，因风景秀美，文人留下了“渡头春早碧硚口”的赞词。

再如六渡桥，20 世纪 70 年代此地进行工程施工时，曾在相对的两处挖出了各 20 根杉木桩，说明这里正是桥的遗址。六渡桥的得名有许多传说。一说名为“六渡”，是因为在河上的排序为六；一说“六渡”原为“绿豆”（二者在武汉方言中同音），因桥边有大片绿豆地；还有一说是“六渡”乃“六度”的讹写，“六

原六渡桥人行天桥

度”乃佛教用语，指由生死此岸度人到达寂灭彼岸的布施、持戒、忍辱、精进、禅定、智慧等六类法门，桥附近有一庵名六度，桥因此得名；另有一说更为感人，讲一老人因其独子在这里失足落水，便募捐修桥，募到六斗米时，感动了众人，使得钱得以募足，桥得以修起，故名“六斗”，后来传为“六渡”。一个桥名竟有如此多的传说！而且，古人也留下了一些歌咏六渡桥的诗词，如有一首《柳枝词》云：“妾似垂丝牵不断，郎如飞絮任斜飘。人都说是伤心树，怕上春风六度桥。”这些充分说明了六渡桥当年是玉带河上颇有名气的一座桥。

六渡桥后来成为汉口最繁华的地段之一。新中国成立后，这里是许多百货商店和影剧院的集中地，热闹非凡，交通也十分拥堵，为此有关部门专门修了座六渡桥人行天桥。启用 30 年后，因修地铁，六渡桥人行天桥被拆除了，尽管它并不是清朝年间修建的那座最原始的老桥，尽管大家并不知道真正的六渡桥的原貌，而且多半已忘记了六渡桥当年的来历，但这座陪伴了大家 30 年的汉口地标建筑依然让众多“老武汉”难舍难分。

据史料记载，玉带河上的桥原有 32 座，分别是玉带河桥、大硚口、小硚口、董家桥、广麟桥、天保桥、绳武桥、燕家桥、太清桥、指月桥、大通桥、长寿桥、卧龙桥、飞虹桥、玉皇桥、赵家桥、万年桥、永清桥、燕山桥、多福桥、裕麟桥、玉虹桥、宝林桥、三元桥、六渡桥、万寿桥、广益桥、保合桥、太和桥、双寿桥、通津桥、出江木桥。后来，玉带河上又陆续增建了一些桥，数量增至 37 座。水涨之时，玉带河可通行小船，这些小船为仿照江浙一带的游船特制的六柱式游艇，围以红色栏杆，撑以青布篷幔，常有人独自或结伴乘坐游览。

到清代中叶，玉带河大半淤塞，小船自然不能通行，但河上所架的小桥依然存在，人们从桥上过去，就到了俗称“堤外”的地方，昔时荒沙一片，后来居民丛聚，渐成街市。再往前即是后湖，又名潇湘湖，原是襄河故道，因水退后所长菜麦一片金黄，俗称黄花地。这黄花地“东西数十里，平畴旷野，弥望无垠。春时丛树扶疏，芳草鲜美，覆云在地，流霭接天，浪翻麦陇之风，香浥菜畦之露……若于夏秋之交，楝风吹后，梅雨零余，江水汪洋，湖田汎溢。烟波千顷，荡暄日以熔金；杨柳万条，蘸漪纹而摇翠”。所以，这里成了汉口的游览胜地，而那些小桥也成为绝妙小景，让人流连。有诗云：“后湖湖畔踏青过，游女双蛾扫翠螺。行到桥边看杨柳，几枝春少几枝多。”

除玉带河上的小桥外，黄孝河上还有不少桥。黄孝河是在天然水道基础上随城市发展逐步改建形成的。武汉人习惯于叫湖为湖淌子，城外的18个湖淌子由连通港串成了一道河流，人称“十八淌子”，从黄陂、孝感来汉的人，坐船经十八淌子来到汉口，直达汉口的中心。后为便利运输，十八淌子间宽窄不一的连通港被扩展，形成一条横卧汉口北部长12.4千米、宽10米的河道，以黄陂、孝感各取一字得名黄孝河。其时，黄孝河河宽水清，鱼虾成群，野生水产资源丰富，也是一条水上交通线。黄孝河上也架设了不少小桥，比较有名的有三眼桥。三眼桥其实是横跨黄孝河的三孔桥，三孔自然是为了河中小船来往便利，因武汉人不习惯于说“孔”而更习惯于说“眼”，所以就称其为“三眼桥”。黄孝河上还有座木质桥花桥，其得名是因为桥两旁有美丽的雕花栏杆。花桥在20世纪60年代被改建成一座钢筋水泥桥，长19.2米，宽4.02米，桥台为浆砌块面，可通行载重8吨以下的汽车。现在汉口的地名中还有三眼桥、花桥，应该都是因这些桥梁而得名。武汉市后来为治理黄孝河，把整个河道改为地下涵管，上面铺筑成汉口第四干道——建设大道。那些小桥永远地消失了，只有桥名还在“老武汉”的口中流传。

以汉口集盐、当、米、药、木、布六大行业于一地的“天下巨镇”的地位，以长江直奔东海的雄冠天下的气派，这里是不应该仍架以古老的木石小桥，而应该有更为宏伟的桥梁出现。这里不应“只合十七八女郎，执红牙板，歌‘杨柳岸晓风残月’，而应是“关西大汉，铜琵琶、铁绰板，唱‘大江东去’”。当然，这样的时代的到来，是三百多年以后的事了。

（文／余启新）

保寿桥旧址位于硚口区长堤街多福路。

月光如水映古桥

——江夏南桥

传说唐朝时，湖广地区突发地震，一夜之间，高唐县沉没水底，由河流处生成了一座山，就是港潮山。江夏南部地区至今还流传着一句民谚：沉了梁子湖，长了港潮山。港潮山东边不远处，就是大屋饶村。饶氏先祖所建的南桥声名赫赫。

大屋饶村坐北朝南，靠山临水，所有建筑呈对称性布局，气势不凡。在梁子湖修建樊口闸之前，几百年间，来自长沙、岳阳、大冶、咸宁的客商及来自鄂州华容、葛店一带的帆船汇集南桥河边，车马喧腾，人流潮涌，粮食、布匹、茶叶、瓷器及日常用品等往来交易，百业兴旺。

元朝末年，战争频仍，富户饶东山在此时“江西填湖广”的移民运动中从江西瓦渣街迁到了湖广江夏，因心中难忘故园，他常常骑马往返于江西、湖广之间，每每行至今南桥处，见港汊交错，牛马无法涉水，百姓往来殊为不便，遂起修桥造福一方百姓之意。在建造饶家大宅时，东山公就拿出白银 300 两，请来修桥工匠勘察地势，选址造桥，命石匠从江西采运石料。可是好事多磨，三年时间过去了，仍不见江西石匠运送石料来江夏，东山夫妇二人料想石料太重，路途遥远，各种意外都可能发生，于是又找本地石匠，就在港潮山采石。一个月后，江西石匠传来消息：“运料石船已至鄂州樊口，船大石重，不能进长港。”东山公喜出望外，赶紧搜罗小船分运石料，元朝至正六年（1346）开始修桥，到至正九年（1349）石桥终于修成，前后耗时三年，耗费黄金千余两、白银 500 两。因桥址位于江夏

江夏南桥（王运良　摄）

县南60余里，所以命名为“江夏南桥”。

今天，南桥券顶中部阴刻文字“至正九年己丑春江夏南桥——力鼎建”仍清晰可见，使得南桥成为湖北现存有明确年代标记的古桥之一。

南桥为单孔半圆形石拱桥，全用凿磨规整的红砂石块砌筑，长约37米，最宽处7.4米，最窄处6.3米，桥拱跨度6.9米，桥面距水面约10米，桥孔为半圆形。南桥造型美观，每当月夜，桥孔影映水中，虚虚实实，恰似一轮满月。该桥是大冶金牛到咸宁及山坡到武昌的必经之路，此桥一建，方圆几十里的百姓出行不再困难。

饶氏家谱记载，南桥一带曾有“一里七星庙，百步五道桥，三十六面过南桥”之说，可见南桥一带港汊众多，曲折迂回。据传，除南桥外，东山公陆续又修了四座桥，规模比南桥要小。梁子湖美，梁子湖大，梁子湖分出99道汊，沟汊交错，没有桥相通，人们生产生活极为不便，东山公便在人们常来常往的沟汊上修桥相连。现在，饶氏子孙对这几座桥还能如数家珍：梅花桥、龙坑桥、三眼桥、古驿小桥。村里有老人见过其他几座桥，有的桥毁损至今不足百年。如今，在距离南桥百米处还保留着一座小桥，长约5米，跨度3.5米，面宽4米，与南桥一样用红砂石铺砌，状如南桥。

关于东山公的传说，饶氏家谱记载颇为详细。据说，南桥修好以后，东山公每年都要交付一定数量的银钱给寺庙，请僧尼长念《金刚经》，以保护南桥。南桥南边两里外就是颇具神秘色彩的古城山。相传唐朝时期湖广地区突发地震，大片地域沉入水底，古城山却平地突起，巍然成山。一条河流从咸宁出发，流经古城山边及南桥，汇入梁子湖。河边有一湾深潭，名叫鲤鱼潭，可是潭中出没的不是鲤鱼，而是蛟龙。东山公唯恐蛟龙伤害百姓、损坏南桥，就在鲤鱼潭下 20 米处打造了一条“九节神鞭”，神鞭由 9 块 2 米长、重千斤的青石搭建而成，以此威慑蛟龙。每年腊月三十，饶氏每家每户都会捧着香烛、纸钱、鱼肉等供品前去祖堂朝拜，祈福保平安，然后开始玩龙灯、轧龙背。轧龙背是饶家特有的习俗，他们从子孙中挑选出两名青壮年男子竞技搏斗，二人要从村里一直搏斗到鲤鱼潭条石处，数百观众一路呐喊，锣鼓喧天，震慑藏身鲤鱼潭中的蛟龙，令其不敢出来危害南桥。

佛法护佑，神鞭威慑，这当然不可信，南桥主要还是靠人力维护，才能安如磐石。不过南桥也差点毁于人手。当年楚王府为修建城池，看中了南桥的石料，要拆掉南桥。东山公次子广仁不避险难，冒死跪地哀求，南桥才算逃过厄运。

南桥建成之后，成为古驿要道，附近地名多以南桥冠名，如田畈被称为南桥畈。南桥上车马往来，络绎不绝。南桥港舟船可以经斧头湖进金水河再入长江，也可经梁子湖过樊口入长江，货物流通便利，因此大屋饶村前曾经车水马龙，舟船相望，粮食及盐、茶、瓷器等都经南桥销往各地。因水陆交通便利，南桥处迅速形成了一条南桥街，热闹非凡，百姓所需应有尽有，若逢集市，街上人流如潮涌，常常挤得水泄不通。

多年来，南桥历经风雨剥蚀、战乱创伤，一旦出现损毁，饶氏后裔便出资修复。

新中国成立初期，南桥街仍有十多家店铺，包括酒楼客栈、粮食加工店、烟草副食店、油盐杂货铺等，南桥依旧熙来攘往、川流不息。

到了 1985 年，南桥四角的挡水墙塌了三个，桥墩垮塌，原来的石块脱落流失，以至于行人不敢再从桥上走了，南桥亟待维修。这个任务落到了大屋饶村村民饶

南桥近景（王运良 摄）

浩功等三人身上，他们用泥土和钢筋水泥很快修好了南桥。可是，一场大雨后，填补的泥土和钢筋水泥被冲个精光，南桥的累累伤疤又暴露在众人眼前。饶浩功坐不住了，赶紧找文化局汤志和局长汇报。汤局长一听，火冒三丈：你们做的好事！看我怎么跟你们算账！

两个伙伴被吓跑了。饶浩功扪心自问：当年东山公能够捐资从江西运来石头修桥，我是东山公的后人，怎么会做出这样的事给祖宗脸上抹黑呢？那场大雨就是东山公对我的警示！站在桥上，饶浩功暗自下定决心，如果不能将南桥修复完整，自己就不是饶氏子孙！

饶浩功独自承担了修桥工作。钢筋水泥再不能用了，必须找人将石头从几米深的南桥港下打捞出来。他找人借了500元钱，用水泵抽干南桥港下的水，又从村里找来精壮劳力，将石头一块块打捞出来。桥上的破洞要用石头填补，他就发动村里的妇女到不远处的破庙捡石头，再挑到桥上修补坑洞。500块钱很快用完了，工程只好暂停，等到手里又攒了一点钱，饶浩功再接着修，就这样修修停停，历时半年，南桥终于修复了！

修复后的南桥面貌如初，只见巨大的石块稳稳地支撑着桥墩，桥面全用石块铺砌，虽然有的石块很小，但铺砌平整，保持着桥面原有的弧度。桥边一块月亮形石块掉了一角，也被用水泥补上，打磨光滑，一般人难以发现痕迹。汤局长非常高兴，给饶浩功送来一块匾额，表彰他为修复南桥所作的贡献。

1989 年，南桥被列为湖北省文物保护单位。5 年后，在全省文物工作会议上，饶浩功也因为修复南桥有功，被邀请参加会议并作经验交流发言。后来，饶浩功又被聘请担任文物管理员，专门负责管理、保护南桥。

南桥具有重要的历史价值和建筑艺术价值。1992 年，江夏南桥又进行过一次大的维修。因为熟悉南桥，市领导、武昌县领导都去找过饶浩功，他再次参与了南桥的维修。这一次是对南桥进行全面体检和修缮，维修中发现，南桥的建筑艺术高超，其中构筑边墙的丁字形石块、长如桥宽的系石将松散的填料与间壁及边墙连成一气，增强了主拱的强度和刚度，在一定程度上降低了主拱变形的幅度。为了恢复原貌，维修人员特意从黄石运回质地相近的石料，将上一次捡来的小石块挖出来，换上与原来大小一致的石块。最后一块石料放上桥面时颇费了一番功夫，因为南桥石块的尺寸、缝隙和弧度都很精确，经过几次尝试，才将最后一块石料安放好。

无桥路不通。一座桥连通几百里，绵延几百年。当年东山公善举修桥也福荫子孙，如今，饶氏后裔在南桥一带人丁兴旺。

（文 / 刘桂英、祁金刚）

南桥位于江夏区山坡街大屋饶湾东部南桥港上。

暮春时节寻古桥

——江夏浮山桥

浮山桥位于江夏区湖泗街浮山村，这是一座青石结构的单孔石桥，桥面全部用方块青条石铺砌，侧面间杂有少许红砂石，桥基部分呈“八”字形往两边伸开。浮山桥长 22.7 米，中间宽 5.47 米，两头宽 6 米，跨度 8 米，顶厚 0.6 米，内顶

浮山桥（王运良　摄）

距水面 3.8 米，距水底 4.7 米。

站在石桥上，脚底是坚实的石板，宽阔的桥面向两侧铺展。古桥以一块块青条石彰显着它的厚重，以完美的弧形跨度突显着它的气势。森森草莽中，任凭风吹雨打，浮山桥如磐石不动，弓起的脊梁似在奋力抵抗岁月的摧残。

浮山桥横卧在一条南北走向的河港上，这条河港连通梁子湖，一边虽然绿草萋萋，但水面仍较宽阔，另一边茂密的水草却像一群顽皮的孩子非要挤到前面来看一般，水流反要从它们的缝隙中穿过。从两旁的滩涂来看，这条河港当年的水面远比现在宽阔，水量也更丰沛。桥券长达 8 米的跨度足够舟船并行往返。

在距离浮山桥百余米的村路边，醒目地竖着一块石碑，上面写着“湖泗瓷窑址群（下浮山湾窑址）”，这是全国重点文物保护单位。

早在晚唐时期，这片土地就与窑瓷结下了不解之缘，这种缘分在北宋时达到顶峰。绵延百里的梁子湖周边蕴藏的丰富的高岭土，是绝佳的制瓷原料，丘陵山岗上灌木松柏茂盛密集，是极佳的烧窑燃料。窑炉依势而建，瓷土就地取材，烧制出来的青白瓷器从古浮山窑码头的湖汊水道出发，经鄂州市樊口进入长江，行销到长江中下游广大地区。

脚下这条河港也曾是运送瓷器的交通要道吧？水路运输的便利使得这里几百年来窑烟不断。一业兴，百业旺。瓷器业如此发达，方圆百里之内，人烟稠密，商旅往还，百姓俱是殷实之家，寻常人家都乐于将瓷业作为读书科举之外的衣食之本。村落相伴炉窑，炊烟与窑烟共举；舟船满载瓷器，守土与远航并行。

浮山桥因不远处的大浮山而得名。这里曾经沟河湖汊密布，走水路曾是人们主要的出行方式。时光荏苒，世事变迁，当年的窑址如今在当地人口中成了窑包，成片的窑群也逐渐长满了青草。人们日出而作，日落而息，生活自给自足，安宁祥和。

浮山桥建于何年，目前尚无定论。近在咫尺的浮山村聚居的是吴姓村民，据说这里的村民是明初“江西填湖广”时迁徙过来的。村里住着几十户人家，晚清风格的民居错落有致。村子紧邻浮山窑遗址的高坡上，有一排古风建筑，虽然破旧不堪，墙皮剥落，但是保留完整的外部格局依然显示出当年的规模和气势，残

浮山桥（王运良　摄）

存的木质楼板、四面雕花的方形青石底座则也反映了它昔日的繁华。

这排建筑就是吴家祠堂，曾经供奉着吴家先祖和贤人志士。耕读传家历来是中华民族良好的风尚，吴家祠堂又兼作书院，本族秀才、举人于其中授徒讲学，吴姓子弟从附近的村落来到这里读书学习，其他族姓的子弟也可以申请前来就学。“朝为田舍郎，暮登天子堂。”这是所有读书人治国平天下的梦想。浮山桥是这里通往外面世界的主要通道，村民荷锄挑担从桥上往返，打理着柴米油盐的平凡人生，而子弟们从这里起步，满怀豪情地奔赴各地考场。吴家祠堂培养了一批又一批人才，学子们踏上厚重的石板，站在浮山桥上，看着河港沟汊的涓涓细流从桥下欣然奔向梁子湖，再从梁子湖奔向更加广阔的长江，也会憧憬自己的未来。

新中国成立后，吴家祠堂改作浮山小学，前村后湾的孩子们上学大多要经过浮山桥，这里依旧书声琅琅。今天，浮山小学已废弃，四合院式的祠堂建筑格局还在，每根廊柱都是两米高的整块条石，一侧刻有精致的寿字花纹，不知是否为原物。两扇沉重的木门开合吱呀有声，大门上方“浮山小学”及“好好学习　天天向上”等字迹清晰可辨，记录着吴家祠堂的另一段历史。

时光如白驹过隙。今天，村村通公路，路网纵横交错，触角伸及田间地头，交通工具不断更新换代，古老的舟船淡出了人们的视线，连通两岸的古桥也无人问津了。如今，陪伴浮山桥的只有桥下悠游的鱼儿。

2012 年，浮山桥被列为区级文物保护单位，得到了较好的保护和修缮。在大力发展旅游的时代背景下，这座见证了 200 多年历史沧桑的古桥在走过一段沉寂的时光后，又将迎来新的繁华与喧闹，续写新的篇章。

（文 / 刘桂英、祁金刚）

浮山桥位于江夏区湖泗街浮山村。

石鼓扬声叹沧桑

——江夏彭家桥

彭家桥位于武汉市江夏区五里界街大屋陈星火村，始建于清代，为彭姓家族集资兴建，系单孔青石古桥，全长 13 米，宽 3 米，跨度 2.8 米，顶距水面 2.4 米，桥头朝向北偏西方。彭家桥修建的具体年份人们现在已说不清了。村里的老人说，这桥有几百年了。原来桥边有块石碑，上面记着准确的修建年代及哪些人捐了多

彭家桥（王运良 摄）

彭家桥（王运良　摄）

少钱等。新中国成立之后修筑农田水利设施，当时物资匮乏，凡是能用的东西都被利用起来，村里加固塘埂时缺材料，就将桥边的石碑抬走利用，石碑就被埋在塘埂上了。

江夏彭氏的先祖在元末江西大移民浪潮中颠沛流离，到江夏后，见一处地方山清水秀，便停下奔波的脚步，辟了一处荒地，搭了几间草棚，安顿了下来。

一代代人在这里繁衍生息，这一带人口渐渐稠密，卖出粮食鱼虾，买进锅碗瓢盆等日杂用品。以前这里的人们出行以水路为主，后来往来频繁，深觉水路不便。彭姓人家在当地人数不少，家道也算殷实，便萌生了修桥之意。修桥所费不菲，彭姓人家自愿捐资，一应事宜也由彭姓人家承担，只是桥的选址越过了彭姓家族地界，占用了田姓家族的土地，尽管桥修成后田姓家族也受益匪浅，但田姓家族认为修桥占用了自己的地，坚决反对，为此两家产生了纠纷。

一场官司不可避免。因修桥是公益之举，利己利人，赢的自然是彭家，于是就有了这座彭家桥。地以桥名，墩子彭后来就改成彭家桥村了。

新中国成立前夕，当地战火频仍，因彭家桥所在的道路是这一带最便利的通行路线，所以这里枪炮声不断，桥上各路人马来来去去，川流不息。

新中国成立后，彭家桥的重要性愈发凸显，围湖造田、兴修水库使得港汊水面缩小，水位大幅下降，水路不再便利。有桥路路通，梁子湖周边村子的人们到大队、公社及纸坊去办事，走彭家桥可少走不少弯路，是最方便的。村里人也常从桥上经过，到牛山湖去挑湖草，然后扔到水田里沤肥。湖水灌溉，湖草做肥，加上人们勤劳、特别能吃苦，那里的稻麦就长得特别好。彭家桥村是有名的丰收村，村民收入比别的村都高许多，每年过年家家户户都能分到钱，所以村里的小伙子不愁娶不到媳妇。

改革开放以后，人们潮涌般外出打工，走彭家桥的人一下子少了。随着村村修建公路，路网覆盖了每一个村湾，交通方式也从最原始的步行到骑自行车再到骑摩托车。再后来，小汽车也不再是奢侈品了，彭家桥的历史使命似乎已经完成。看着彭家桥隐到一丛杂草深处，桥下流水时续时断，人们百感交集。毕竟这座离村子百来米远的老桥见证了一方水土的沧桑巨变，那厚重的青石承载着人们太多的记忆。

世事如棋局局新。如今，彭家桥已经作为区级文物保护单位被保护起来，未来，说不定它还会来一个华丽转身呢！

（文／刘桂英）

彭家桥位于江夏区五里界街大屋陈星火村。

万派朝宗江夏黄

——江夏狮子桥

从纸坊城区出二道口，经过关山桥，是一条西向公路，路北八分山脚挤着密集的房屋，路南地势缓坡而下。这一片坡地上散布着几个名字相近的村湾：黄质老屋、黄质上屋、黄质书房、黄质下屋和黄质中屋（全家边）。在黄质下屋村，为我们讲述故事的黄德明老师傅伸开的左手掌是一幅“地图”，这五个村湾像手掌的五根手指一样排列，这就是人们所说的黄质村。在这只“手掌”南边，一条河港游龙一般从村庄一旁流过，游龙蜿蜒吞吐，润泽着这一方沃土。狮子桥就在这条河港上。

江西分宁黄氏先祖黄玘公是江夏黄氏大始祖黄香的直系后裔，随着时间的推移，黄玘公的这一支繁衍成江西黄姓中最优秀的一支。南宋时期，黄玘公的后裔中有兄弟二人落籍湖广，居蒲圻、崇阳。到明洪武三年（1370），再八公来到江夏鲁湖之滨的黄鹤里马踏坡（今黄质老屋），发现黄鹤里有五块高地形似五指，名曰仙人托掌，乃是风水宝地，适合建宅。再八公便在此落籍传家，成为黄鹤里黄姓始祖。再八公之子黄文质卓尔不凡，文质之名渐渐成为庄户之名，黄文质的后裔分居在五根手指上，形成坐北朝南的五个自然村湾，黄文质所居村湾就成为黄质老屋，其他村湾由西向东依次为黄质下屋、黄质书房、黄质中屋（全家边）、黄质上屋，这就是今天的黄质五门，也叫黄鹤庄。

黄质五门前后群山罗列，连绵起伏，形似两条东西走向的断续山脉。北面为

狮子桥夕照（王运良　摄）

八分山，山如屏障。南面有大小山峰30多座，松杉郁郁葱葱，其中黄质大山有春申君黄歇与夫人合葬的墓地。宋时，歇公墓前有石人、石马、石狮、驳岸、拜台和神道，后被损毁。仿佛与山脉相呼应，山下也有30多个水塘，碧波荡漾，一条河港蜿蜒流过，风景秀丽，正是“山列群星观簇锦，水环一带听鸣珂”。山为依凭，水为滋养，宜业宜居。黄氏子孙贤明勤奋，种粮风调雨顺，百业十分兴旺，衣食无忧，还有不少人苦读诗书，饱览经史，许多中了秀才。

传说黄质五门还要出48位秀才，这令远近乡邻十分羡慕，桃树岭那边的村子总想分享黄氏的好运气，却无计可施。

一天，一位算命先生从此经过，发现了黄质村的风水命脉，他将这个秘密告知了桃树岭那边的村民。

传说黄质下屋村南田垄边有一条东西走向的河港，弯弯绕绕，从纸坊西南流出的山泉雨水汇入河港，流水四季清澈，汩汩有声，浇灌着绿野青田。田垄中有座小山包，状如葫芦，流水流经山包时又绕回来，环抱小山包，只留葫芦柄似的小路通向山包，人称金线吊葫芦。就在金线吊葫芦上游百米处的桃树岭边，河面大如池塘，然后突然收拢。黄土灰泥的港河坡上生出巨石，形状奇异，其中两块巨石分布在河两岸，并向中间突出，就像两个人站在两岸，都将手臂伸向对方，时间一长，两双手臂越伸越近，河港从下面流过，人们能够踩着石头轻松跨过河港。古代交通不发达，河港拦住了去路，在没有桥的时候，南来北往的人们只能绕道而行。有了这两块巨石，这条路就便捷多了。人们惊喜不已，料想再往后，两块巨石就会慢慢合拢，形成一座天生石桥了。河港南岸下方离天生石桥一两米处，有一块巨石，形似一只坐狮，面朝黄质村，庄严威武。巨石前还有一块小石头，中心凹下去，仿佛石狮的食槽。人们经过天生石桥时，总会坐在石狮身边的桃树岭小憩。

这只石狮正是这块宝地的灵异之处。算命先生发现了这个秘密，他对黄质五门也早有耳闻，于是来到桃树岭那边的村庄，说出了这个秘密，那边的村民恍然大悟。于是，他们按照算命先生的吩咐找来石匠，连夜将石狮连同石狮的食槽一起砸毁，弃于荒山。谁知第二天，石狮又长了出来，而且与原来的一模一样，面朝黄质村，身前的食槽也恢复了原样。算命先生一看如此灵异，便使出看家本领，命人再次砸毁石狮，他在一旁作法，石狮就这样被毁了。当黄氏族人发现石狮不见了且石根上血迹模糊时，算命先生早已经消失得无影无踪了。

宝地已毁，黄氏子孙好运不再，再没有出过秀才。不仅如此，那座快要合拢的天生石桥不但没有合拢，反而慢慢向两边分开，行人不再能跨过去了，河港重新成为拦在人们面前的一道障碍。为了方便人们走路，黄氏族人筹集资金，修建了一座石拱桥，桥基就建在天然巨石上。桥面用三层方块青条石铺砌成拱形，两边各用青石块铺垫几十米长的小路。尽管那边的村民毁了石狮，黄姓族人还是允许他们经过石桥往来。为了纪念那座护佑黄氏子孙的石狮，他们没有将这座石桥命名为黄质桥，而是称它为狮子桥，人们常在遗留的食槽里焚香供果祭祀石狮。

石狮已逝，石桥无声，黄氏子孙仍然生活在这片热土上。20世纪初，京广铁路横穿关山口。改革开放以后，随着经济的发展，沿京广铁路又修建了纸贺公路，经过狮子桥的这条小路渐渐退入草丛，河港也渐渐从人们的视野中淡出，港边杂草丛生，金线吊葫芦成了孤岛。因为无人照管，时涨时退的流水冲毁了那根

狮子桥雪景（王运良 摄）

“金线”，人们就在“岛上”种植水杉，看着倒也郁郁葱葱。

今天，这座全长近 15 米、跨度 3.6 米的石桥隐身于村外绿野中，上下两岸散布着嶙峋巨石，传说中石狮残存的石座及上面的血痕宛在。河港芦苇成片，小有落差的水流冲刷着巨石，一尘不染的巨石裸露着年轮似的层次。拱桥上摇曳着几簇青翠的野草，白色的缝隙清晰抢眼。满眼黄土中突然冒出这么一片怪石，别有一番风味。巨石托着石拱，人工更兼天然，使得这座石桥显得凝重坚实，更衬狮子桥之名。在经济发展迅速、社会变革急速的时代大潮下，这座小桥依然安好，仿佛灵狮并未去远，依然护佑着石桥。后来，狮子桥被列为江夏区文物保护单位。几年前，江夏区博物馆还对桥面进行了维修。

（文 / 刘桂英）

狮子桥位于江夏区郑店街黄质村黄质湾一组南部。

无言的诉说

——江夏三眼桥

20世纪初，江夏纸坊城外东南方向港汊密布、河流纵横交错，宁港便是众多港汊中的一条。青龙山以南的雨水、泉水汇聚后，多经宁港等港汊流进梁子湖。山丘遍布港汊之间，草木繁盛，飞鸟往还，居住在此地的人们上坡种地，下港打鱼，生活安宁。在武长（武汉到长沙）公路修建之前，这片坡岗上有一条路，路上邮差、商旅不绝，一担担茶叶从江夏县南面运来，途经此道前往武汉，行销各地，将这里走成了“茶马古道”。新中国成立前，人们从纸坊出城往南，或者从五里界、大屋陈到纸坊做买卖，从山坡、湖泗、土地堂等地到武汉，都要经过这条路。

居住在这一带的人们很多都是在元末“江西填湖广”的大迁徙中来到此地的，老屋杨村的先祖也是如此。杨氏先祖被迫从江西筷子街（经营筷子生意的商街）迁出，为寻觅新的家园，一路走走停停，来到江夏府纸坊东南角。这里绿水青山，土壤肥沃，杨氏先祖查勘地形后，选了一处山坡安置下来，重建家园。后杨氏族人因故改为王姓，为纪念先祖而将村庄命名为老屋杨村。杨氏渔樵耕读，勤俭传家，经过几代人的努力，家业渐渐殷实，良田千亩，屋宇栉比，富甲一方。

有了雄厚的财力，便有了修桥补路的实力。

老屋杨村外有条大道，一些商人和周边百姓都要从这条道上经过，再踏上几里之遥的“茶马古道”。这条路上原有一座木板桥，横跨于港汊之上，从上游港汊流下来的滔滔河水从桥下翻涌而过。木板桥是杨氏族人所建，宗谱记载木板桥

现存的三眼桥（王运良　摄）

原来是两眼桥，历经岁月磨洗和风雨剥蚀，已经破败不堪，人行桥上战战兢兢，安全难保。民国元年（1912），王（杨）姓族人提议，请村民集资将木板桥改建成三眼石拱桥，周边百姓觉得所需银钱太多，工程繁重，都不愿参与。王氏汉卿公原是一个普通农民，以种田为业，没读过诗书，这时却愤然而起说："我王氏家族愿意独修此桥。现存木桥本是我王家所修，我们怎能不继前人之志？我愿意与节芝公多出钱，凡是王氏子孙，不论多少，有钱的出钱，有力的出力。"于是，节芝公拿出多少，他也拿出多少，族人纷纷捐资，各家依据自身财力量力而行。

节芝公是远近闻名的郎中，救活了不少人，遇到贫病者就送医送药，颇受人尊重。他为人淳朴，不喜奢靡，待人接物谦和至诚，治家有礼法，遇到邻居有纠纷总是尽力秉公排解，又乐善好施、济危扶困。节芝公热心公益，修桥一事就落到他身上。他主持修桥兢兢业业，由于湖汊较宽，石拱桥必须修成三眼桥才能跨过湖汊，技术难度很大，加之水流湍急，所以工程进展很慢。春节到了，石拱桥尚未建好，百姓行路不便，颇有些怨言。所集钱款也不够用，节芝公心里着急，自己又捐出钱来继续修桥。历经几个月，三眼桥终于修成，道路畅通无阻了。这期间，节芝公家里出了一件事：他的一个儿子生了病，身为医者，节芝公却没能救活儿子，眼看着他离世了。

民间传说，但凡修桥，必须"关音"，桥才能修成。石桥最后合龙时，会留下一块砖石，若有人从旁经过，工匠就逗引那人说话，伺机盖上砖石，将说话之人的声音关在砖石之下，那人的魂魄就被关住了。人没了魂魄，还怎么活呢？自然就会死去。所以，除非不得已，否则就不修桥。三眼桥修成了，节芝公却失去了一个儿子，村民间就有各种传言。但是，丧子之痛没有令节芝公心生疑窦，他也没有怨怪任何人。

狮子山三眼桥是江夏几十座古桥中唯一的一座三眼桥，占地面积约 200 平方米，桥全长 36 米，桥面中宽 5.1 米，两端面宽 5.2 米。其中中孔跨度 4.3 米，拱顶距水面 2.8 米；侧孔跨度 3.2 米，拱顶距水面 2.5 米。桥面为拱形，桥面坡度 7 度。拱洞呈半圆形，中间大，两侧略小，遥看拱洞水中倒影如三轮明月横卧水中。桥侧面墙体采用错缝交替砌筑，东西两端侧面各建有“八”字形的挡水墙，桥墩两边各建有挡水墙柱，起到分水进孔作用，可减缓水流对桥墩的直接冲击，以保护和稳固桥墩。三眼桥全用青条石砌建，间夹有少量红砂石。桥两端原来各有一对护桥石狮，后遗失，现在所见石狮是 2015 年维修三眼桥时重新放置的。桥两侧原有青条石路面，也在“文革”时遭损毁，条石被附近村民移作他用。

三眼桥在江夏桥梁建筑史上具有重要价值，现为市级文物保护单位。

随着人们文物保护意识的增强，古桥也进入了人们的视野，常有人慕名远道而来探访三眼桥。今天的三眼桥横卧在一片水塘泥田之间，水塘和泥田大多黄土裸露。桥上生出几簇杂草，桥边就是一条与三眼桥垂直的道路，勉强可以通行汽车，三眼桥的交通属性很难体现了。村里的老人介绍说，在幸福水库、向阳水库修建之前，宁港并非只是一条河港，涨水时节，眼前一片汪洋，水面往来船只很多，三眼桥附近形成了一个水运码头，停靠各地船只，人来人往，很是繁华。从鄂州那边运来的物资就在这里卸货，然后再转运到城里去。20 世纪 80 年代，村民承包鱼塘后，整修水塘时挖出了不少煤炭，捡回家还可以烧，说明以前作为码头时，这里运送、堆放过煤炭。不仅那边十几个村的人要从三眼桥经过，长沙、岳阳来的客商也要经过三眼桥，所以三眼桥不但能行人，还能通车马。

随着上游几个水库的修建，三眼桥一带水域迅速萎缩，水运码头自然消失，加上围湖造田，这地方只剩下几口水塘。幸好三眼桥下水流较深，不曾干涸，倒成了孩子们夏日里最好的去处。附近村里的男孩子们最喜欢跑到这里，站在三眼

三眼桥夕照（王运良 摄）

桥上，纵身往桥下一跃，在水里游泳戏水，乐趣无穷。再往后，前村后岭没几个人了，而且村村路网发达，寂寞的三眼桥就只有与飞鸟和蝴蝶为伴了。

今天的三眼桥早已成了一道风景，向前来探访的人们诉说着那一段历史和那几人的故事，并且守望着不远处飞驰而过的高铁。

（文 / 刘桂英、祁金刚）

三眼桥位于江夏区纸坊街狮子山村老屋杨湾南部。

在生命与时光的摩擦中

——江夏土地堂老街古桥

土地堂老街桥（王运良　摄）

沿着纸贺公路往南走，过了乌龙泉，不到十分钟车程就到了土地堂。公路两旁各种店铺依次排开，日杂百货、早点菜市、五金农机，百姓所需应有尽有，来来往往的车辆络绎不绝，人们称这条街为新街。新街的兴起，包括这条公路通车，并不算久远。后来，随着纸贺公路的修建，便利的交通带动新的市场，土地堂新街渐渐形成，原来的街市在人们眼里就成了老街，像一个自愧不如的竞争者退到后面去了。

新街离老街不远，只需跨过一条水港。

土地堂老街平梁桥碑（王运良 摄）

老街有两座古桥，一座单孔石拱桥，一座双孔平梁石桥，两座桥架在同一条水港上，相距不到200米。水港绕着老街，从老街东边相伴流过。过去，从北边进入老街必须经过水港，石拱桥就是这样应运而生的。这是一座清代民用石桥，当年是谁倡议并主持修建了这座桥，没有留下文字记载，想必是众人捐资所建，因为没有突出的主角，加之年代久远，修桥的故事也就淹没于尘俗烟火之中了。如今桥两端均是翻新的民房，靠近桥身的岸坡做了硬化处理，既加固了屋基，又美化和保护了古桥。

水港从西往东穿过石拱桥后转了个弯，从老街东边绕了过去再往南流淌。行不过百余米，河上又有一座石桥，这是一座双孔平梁青石桥，建筑材料与石拱桥相似。这也是一座没有找到来处的古桥，建造年代与石拱桥孰先孰后无从考证。从工艺上看，平梁桥不及石拱桥精美，技术难度也不及石拱桥。这座平梁桥全长5.6米，桥面宽1.1米，厚0.2米，跨度4.3米，距水面1.65米，中间的桥墩长3米，两端呈三角形。从老街出来往新街和纸贺公路，走平梁桥十分方便。老街的石拱桥与平梁桥分别于2012年和2016年被定为江夏区文物保护单位。

江夏区保护文物的行动一直没有中断，但真正有规模地保护古桥已是20世纪末了，对土地堂老街古桥的整体维修则是2012年的事了。

一条街需要两座桥联通内外，我们可以想象这条有一百多户人家的街市曾经的繁华与喧闹。走过石桥，就走进老街了。街道两边的房屋一间一间排开，中间的一条路据说曾经是雕花青石板路，路上车水马龙，店铺生意兴隆。如今，雕花青石板路变成了水泥路，来来往往的多是老人。两边的房屋有的坍塌，有的拆了旧房盖起了新房。不过，不论新与旧、大与小，这些房屋都是单纯的民居。沧海桑田，人世变迁，土地堂老街不再繁华，曾经给人们带来方便的古桥归于沉寂。

明朝弘治年间，监察御史江夏灵泉人张璞著有《黄公乡记》，称江夏“西南九十里，有地名黄公乡”。张璞居京师十余年，“读汉室名臣传，见黄琼自叙年谱，并其里居，而知黄公之居在江夏五谷岭也……”张璞“既访黄公墓，徐行，至仙人山遇一老叟，坐一独石，庞眉皓首，问其年，九十余矣”。张璞询之，老叟曰：“公之五谷城，即黄公乡也，今之蔡氏庄，即黄公墓也。”语毕，老叟悠然一揖而去。

张璞所记仙人山确有其山，位于土地堂东约一千米处，仙人山下有座桥，名曰仙人桥，其实仍是一座石拱桥。传说有位年轻人去一座山上砍树，他砍了三九二十七棵杉树，扎成木排，顺着河流往下，来到仙人山。其时天色尚早，只见山上鸟语莺歌，满目葱茏，山头云雾袅袅，年轻人一时兴起，扎住木排，信步往山上走去。上了山顶，年轻人看到两个女子正在下棋。年轻人对围棋略知一二，不顾男女有别，便驻足观看，看得入迷，也席地而坐。两位女子只管下棋，也不说话，不时拿出点心分着吃，顺手也给青年一点。不知不觉一局下完，两个女子收了棋盘便离去，年轻人也顺着原路回到山下，但河边的木排不见了，只有他熟悉的那把斧头遗留在河边。年轻人觉得这非同一般，他急忙返回村里，村里已经没人认得他，他也找不到认识的人了。他想起年纪跟自己一般大的伙伴，说出几个名字，如此这般地告诉人们自己姓甚名谁，如何上山砍树，如何看人下棋误了回家，人们这才想起听说过这么个人，只是村里人都以为那个年轻人遭遇豺狼虎豹早已不在人世了，没想到他的伙伴都已作古，他回到村里却容颜未改。砍了一天树，归来活祖宗。村里人认定他遇到的是神仙。这事传开，人们就叫那座山为仙人山了。人们后来还在那个年轻人扎木排的地方修了一座桥，取名仙人桥。

仙人桥前些年还在，是一座石拱桥，据说是通往灵港的要道，很漂亮。

（文／刘桂英、祁金刚）

▍土地堂老街桥位于江夏区乌龙泉街土地堂老街北的河港上。

旧貌不存，古桥依然

——江夏青莲庵桥

在江夏区南部郑店街南边、107 国道西边的茂林深处，有个村名叫青莲庵村。传说李白被流放夜郎时中途被赦免，他一路东还，沿长江行至武昌。听说著名道仙罗公远在江夏云游，往来于白云洞和鲁湖一带，李白好道，便逆流而上寻仙，经金水，入鲁湖，烟波浩渺，却未见道仙踪影。打听到道仙去玉盆湖了，李白就

青莲庵桥

追踪来到玉盆湖，泊舟玉盆埠（即今天的青莲庵桥所在地），上岸细细寻访。可是他晚了一步，道仙刚刚远行会友去了，什么时候回来没人知道。李白便在玉盆湖暂住下来，饮酒赋诗，等候道仙。不久盘缠用尽，乡人不知李白大名，眼里只有酒钱房钱，客栈日日催缴，李白也嫌老板啰唆，就离了客栈，在小街西边坡上结草为庵，大书“青莲居士寓所”于门，没钱了就卖字度日，等候道仙折返。这事传到江夏太守韦良宰的耳朵里，太守与李白曾是故旧，一听这位谪仙居然就在江夏，穷愁潦倒也不来找自己，深感自己为友不周，立即带人来青莲居士寓所拜访李白，资助他银两。太守亲来青莲庵，人们这才知道这位写字卖字的先生了不得。

到了第二年，道仙罗公远还不见回，李白料想再等也无益，便又从玉盆埠乘舟前往豫章（今南昌市），两间茅屋留在此地，成了穷汉乞丐聚居之所，青莲庵的名字却沿用至今。

传说有几分真实且不论，这个地方确实比附近其他村落历史更早。民国时期，金水建闸之前，玉盆湖依然有着连接鲁湖的广袤湖面，玉盆埠是远近闻名的水运码头，对面的涂洲、下游的鲁湖以及斧头湖、金口的客商船只停靠玉盆埠。商船高高的桅杆扯着帆篷，主要贩运粮食及各种百姓用品，集市沿着玉盆埠一字排开，船上货物可以直接开到店铺后门卸货。布店、鱼行、粮行、屠宰店、日杂铺、熟食店、药铺应有尽有，多达二三十家。街上人来人往，络绎不绝，江湖艺人、各地戏班每到这里便停下歇脚，搭台卖艺。

为了生活和做买卖更加方便，青莲庵村民集资修建了一座石桥，桥因地名，这就是青莲庵桥。修桥是事关民生的大事，技术难度很大，修桥过程中一定有不少故事，但现在都随着时间的流逝而失传了，只有留在石碑上的那些姓名依然鲜活生动，他们都是为修桥集资出钱的人。

现存的青莲庵石桥建于晚清时期，是附近村庄往来及前往涂洲镇的要道。桥为双孔平梁石桥，主要用花岗麻石砌建，间有少许红砂石。桥面现保存有 10 块长条石，两端桥基呈“八”字形，桥墩两端呈三角形，桥底铺有条石。除桥面两侧被抬走 4 块条石外，桥身整体保存较好。桥面全长 17.2 米，残宽 1.75 米，单孔间距 2.8 米，总跨度 8.7 米，桥面厚 0.3 米，桥内顶距水面 1.8 米，距水下淤泥

今日青莲庵桥（王运良　摄）

3 米，中间桥墩长 6.15 米，宽 1.75 米。桥面条石长 3.95~4.07 米，宽 0.35 米，厚 0.3 米。桥面两侧原建有护栏。民国时期战乱频繁，青莲庵一带（因为位于鲁湖东边，也称湖东）各路兵马屯驻，硝烟四起。日军炮兵拖着大炮的卡车常常从桥上经过，沉重的荷载压垮了桥墩，至今仍未恢复。

那段炮火连天的日子已成为过去。新中国成立之初，玉盆湖流域曾发过洪水，洪水过后，围湖造田运动、水利设施建设蓬勃兴起，加上 1932 年金水河就已建闸拦水，玉盆湖水域慢慢萎缩，但河港未变，青莲庵桥边依然热热闹闹，只是停靠的船只由木帆船变成小木舟了。由于水域缩减，陆路交通反而变得便捷起来，青莲庵上下两街商铺林立，又建学校、医院等，商业更加繁荣兴旺，湖西的村民也到湖东来做买卖。人们临河交易，生活更离不开河港。青莲庵桥建有十多级厚实石阶，旋转而至桥底，枯水时节，人们也能下到桥底洗衣洗菜、挑水灌溉。早上，女人们来到河边，在清可鉴人的河水里洗衣，手持棒槌拍打衣被，啪啪声此起彼落，牧童则骑在牛背上从桥上走过……

世事更迭，物换星移，今日的青莲庵村不再是周边集市的中心，上下两条街

青莲庵桥石阶（王运良　摄）

道的居民一家一家往新的集市迁移，老街旧貌不再。由玉盆湖改建的湖田被承包后，河港最终与鲁湖水源断开，不再清澈见底，渐渐杂草丛生，青莲庵桥也不再是交通要道，渐渐成为留存在人们记忆中的符号。青莲庵桥是江夏区唯一一座较大的双孔平梁桥，保存比较完好，曾被江夏区定为区级文物保护单位。2015 年，江夏区博物馆对此桥进行了维修，并立碑为记。

（文 / 刘桂英）

青莲庵桥位于江夏区郑店街青莲庵村四组西北部的河港上。

莲花并蒂开

——江夏莲花桥

元末明初，“江西填湖广”的移民浪潮持续几十年，大批江西民众迁进湖北，人们走走停停，寻找最好的地方安身立命。有一批移民从湖南长沙进入湖北，来到武昌城南，这里距离武昌城仅几十千米，土地肥沃，山岭葱绿，适合居住。于是那官宦富户之家就请了风水师来看风水，准备择地而居。鲁湖东边有一块高地，地上五座丘陵环形排开，恰似五朵莲花盛开，风水中名为莲花宝地。消息传开，人们纷纷弃船登岸，在这附近选择依山傍水的好地方安居下来。这就是今天湖南棚、郭家湾、许十二湾、墩土吴、河上畈等五个村湾的所在地，这里就叫莲花桥村。

莲花桥村前有一条河港，发源于东南的乌龙泉大洪山，流经莲花桥村，注入鲁湖。河港既可满足一方土地灌溉之需，确保庄稼不受旱灾，也是商贸水运路线。涨水时期，满载货物的帆船能从鲁湖进来，带来人们所需的生活用品，然后将土特产品运送出去。但是，这条河港同时也阻拦了人们出行。随着人们活动范围的扩大，河港上急需架设桥梁。

当时莲花桥村有不少富户，其中一家姓李，是从江西移民而来的。李家人祖上经营麻丝，世代经商，传到李连方手里，李家已积累了不少财富。有钱人修桥补路是积德行善之举，而李连方也早有行善之意。他见村前河港越来越不利于村民出行，便决意修桥。桥修成后，取名连方桥，李连方被村民尊为乡贤。

今天，莲花桥村一带共存三座桥，其中一座位于莲花桥村，一座位于 107 国

莲花桥（王运良　摄）

道上，还有一座紧邻107国道桥，三座桥建于同一条河港即莲花桥港上。关于这几座桥的来历，民间有些争议，李连方曾经修建过一座桥并无疑议，只是现存的几座桥中哪一座是连方桥，各有说法。

位于莲花桥村的桥最小，名叫莲花桥湾小桥，属于清代古桥，是单孔石拱桥，保存基本完好，已被列为区级文物保护单位。2016年有关部门对该桥进行了修缮，将残缺的石块修补完整，并在桥边立了保护碑。

第二座桥位于莲花桥港上游107国道上。据当地村民讲述，此桥在北伐战争时期是一座木桥，修筑武长公路时改为石拱桥，修建107国道时改为平桥，拓宽107国道时还原为现在的石拱桥，石料均为附近的山石，用水泥砌建。该桥几经改建，现保存在现代路面之下。

与上面这座桥相距50米左右的河港上游，还有一座石桥，原为石拱桥。从残存的桥墩来看，该桥属于古桥，桥墩及护墙由巨大规整的青条石及少许红砂石块砌成，桥墩高出107国道桥，桥面铺着现代预制水泥板，有一侧的水泥板已经垮塌。村民吴建铭说，此桥原有两块石碑，分别记载了修桥捐资人的姓名及捐资数目，如捐献银两多少、米谷多少等，其中一块石碑沉入河底，另一块石碑尚在，被当作过路石铺在附近的水渠上。这座桥比较高大，桥面较宽，跨度约有五六米，是村民口中的大桥。清朝时，从土地堂到涂洲有一条古驿道，长 20 多里，这座桥就建在古驿道上，朝廷往来信使及商旅行人都从桥上经过。

根据村民所述，被废弃的这座石桥修建的年代显然早于107国道上的这座桥。武长公路即107国道改变了村民原来的出行路线，随着人们生产生活条件的改善，交通越来越便利，古驿道不再是人们出行的要道，人们都从国道上走，古桥没有了存在的必要，最终在风雨侵蚀中被废弃。

不知何故，人们只知道有一座与村名相同的莲花桥即莲花湾小桥，但不知有连方桥，“连方桥”竟“消失”了。李家族谱上清晰地记着修桥一事，村里的古桥也都还在，但不知哪一座是李氏先祖善举所成了。大约是这几座桥都在同一条河港上，岁月漫长，新鲜事变成旧事以后，渐渐便没人注意其中的区别了。加之战乱频繁，莲花桥村一带战火纷飞，人们四处逃难，一些往事便消失在时间的长河里，连方桥的故事也被淹没了。

（文 / 刘桂英）

▍莲花桥位于江夏区郑店街莲花桥村莲花桥湾东。

铭刻在碑石上的岁月

——江夏灵港桥

纸坊南边有座山，山上有个石洞，洞里摆着石桌石椅，传说是仙人云游落脚的地方，村民进洞有求必应，十分灵验，因此该山得名灵山。梁子湖港汊众多，湖汊又分出许多支流，灵山边的一条支流不深不浅，渐渐成为港湾，名叫宁港。交通发达，经济就会发展，水运便利的地方自然形成码头，由码头而成村庄集市，宁港上便有了桥。

宁港在汉代已是一条古港，宋代辟为水运港湾，成为繁忙的码头。村里的老人说，这条路就是古驿道，从村子中间穿过，青石铺路，曾经车轮滚滚，马蹄得得。从汉代到明代，这个港湾除了渔船，还有汇聚的各地商船，船只在港口进进出出，周边人口稠密，集市喧哗。

在没有京广线和国道的年代，这条路线是南北交通的重要通道，各地商人从梁子湖过南北嘴进入宁港大汊，约行一千米到达宁港，然后从宁港向西进入鲁湖，或者从宁港经狮子山北、翰林山南过带子街向西进入鲁湖，再由鲁湖入金水河抵达长江，四方货物经由长江流向全国各地。连接湖南、湖北两省的陆路交通古驿道正是从宁港经过。

宁港河上的古桥始建于何年已无从考证。据碑文记载，今天的灵港桥建于明朝末年，已有400多年历史。桥为单孔半弧形石拱桥，全长18.6米，桥面中间窄，两端宽，呈相对的两个“八”字形，中宽4.55米，南宽8.5米，北宽6.5米，跨度6.8

灵港桥（王运良　摄）

米，矢跨比为 1 ∶ 2，拱顶略呈尖形，实测高度 6.75 米，属明末清初桥梁风格，厚重而不笨拙，古朴而不失美观。

经过几百年风侵雨蚀及车马践踏，宁港桥屡遭毁损，因为是南北交通要道，宁港桥也屡被修复。抗日战争时期，日军在梁子湖设据点，经常从梁子湖上岸侵扰周边百姓，常从灵港桥往返。游击队、新四军也常从灵港桥上经过，前去伏击、偷袭日军。20 世纪末，灵港桥桥面及拱顶、护土墙遭到不同程度的破坏。1999 年 10 月，江夏区文化局、文物管理所对灵港桥进行了全面维修。古桥的维修运用了科学的方法，严格遵循不改变原状的古建筑维修原则。维修人员多次深入调查，查阅当地居民族谱、区档案馆所藏资料，并进行维修前的测量、拍摄，绘制整体平面图、剖面图、局部图、结构图等，邀请专家审议维修方案。施工前维修人员重点了解了桥梁的构造特点和材料质地等，施工中选择相应的材料，保持整个桥梁风格的统一。这次维修在拱顶增加了一层钢筋混凝土结构保护层，清除了两头拱斗内残留的黄土，增加枕头梁和网状钢筋混凝土，以条石、片石和水泥砂浆填满。因为桥面载重车辆流量较大，故混凝土浇筑达 40 厘米厚，桥面装饰成青条石，且在两侧各立栏杆石 10 块，长 13.45 米，采用榫卯结构对称安装。

这次抢救维修同时也是一次调查发掘。维修人员在拱桥及周围建筑中发现了 8 块碑刻，通过碑文基本摸清了灵港桥的沿革，使这次维修更具价值。

第一块碑在桥下水中被发现，年代最早。碑长 70 厘米，厚 35 厘米，宽 45 厘米，与拱顶最初的尺寸及石质完全一致，推断为始建碑，年代为明末。令人可惜的是，当地群众长期在石碑上磨刀、捣衣，将大部分碑文磨掉了，只隐约可辨“武昌江夏”等字。

第二块碑在桥拱中，为康熙十七年（1678）所刻，长 37 厘米，宽 29 厘米，碑文为：“修桥者系雷化龙，号幼宇，生长黄陂，徙居江夏，入赘黄合一里傅宅，享年八十有零，于康熙十七年固桥灵港东首颓倾，发心捐资修补，永留后记。”

第三块碑是根据村民的指点在一个集肥池中找到的，为康熙三十四年（1695）的维修碑，碑文为：“皇亲康熙三十四年岁次乙亥，信士傅文臣（男童汝樑）缘人唐氏，捐输募众重修桥梁。”

第四块碑为嘉庆十二年（1870）的维修碑，碑文较长，记载了灵港桥周围的地理环境及捐资维修经过。

其余四块碑皆为民国二十一年（1932）的维修碑，其中一块较小的安装在桥南西侧护土墙上，其余的从桥周围与淤泥中找出，主要记载了维修负责人及捐资者姓名、捐资数目等。捐资者 600 余人，捐的钱有一文、一串等。

从这些维修碑可以发现，清朝建立后 200 多年里，灵港桥维修达 4 次，其中从康熙十七年（1678）到康熙三十四年（1695）不到 20 年的时间里，灵港桥就经历了两次维修，足见灵港桥所在的古驿道交通繁忙，车马、行人络绎不绝，致使宁港桥损毁严重。此后的嘉庆年间和民国时期，又两次维修古桥。从雷化龙一人出资修桥，到后来的傅文臣捐输募众修桥，再到民国时有 600 多人捐资修桥，说明人们对古驿道上这座桥的依赖很重。此前，桥以宁港河命名，碑文记载桥名一直为宁港，民国时期的一块碑文才出现灵港之名，沿用到现在。

灵港桥现在保存较好，是江夏区内公路交通要道，仍可通行车辆。但是，宁港已不存，因为新中国成立初期修筑水利设施，围湖造田，宁港大汊变为农田。

灵港桥（王运良　摄）

灵山则被一伙非法采石者夷为平地，石桌石椅也不见了。

宁港、灵山、古驿道，都已成记忆，唯有灵港桥，依然承载着滚滚车轮、匆匆脚步。灵港桥 1985 年被列为区级文物保护单位，1998 年被列为市级文物保护单位。

（文 / 刘桂英、祁金刚）

灵港桥位于江夏区纸坊街灵港桥湾东北部宁港河上。

玉砌金铺辉月明

——楚昭园金水桥

明楚王墓神道

龙泉山原名灵泉山，宋代后更为今名。龙泉山位于长江南岸、武汉市东郊约12千米处，由两条山脉组成，南为玉屏峰，北为天马峰，自西向东绵延9千米，恰似两条巨龙横卧在碧波荡漾、风光秀丽的梁子湖之滨。两山之间有一座圆形小山丘，形如明珠，故名珠山。整个山势形若二龙戏珠。群山之间有一块葫芦形盆

昭园金水桥

地，面积7.6平方千米，一条古港从东至西横贯其间。盆地内层峦叠嶂，繁花似锦，云雾腾腾，竹木茂盛，乱莺啼树，真可谓“峰峦扶地起，云雾接天浮”。山外梁子湖碧波荡漾，满山青翠碧绿，气候温和，自古就是山水胜地。

明洪武十五年（1382），楚昭王开始在龙泉山修建陵园，因明正统十二年（1447）以前，皇室丧葬制度尚未出台，故其未受丧葬礼制的约束。作为亲王的朱桢，岁禄853万石，修建陵园可以说极尽奢侈。

在昭王茔园内陵恩殿前有一条金水河，这是一个人工挖成的长24米、宽7米的长方形水池，水池深4.3米，其上修建金水桥三座。

金水桥的蓝本，出自元皇城的周桥。周桥的设计师和主持建造者据传是元代河北曲阳的杨琼。杨琼出身石匠世家，他的石雕“每出自新意，天巧层出，人莫能及焉”。至元十三年（1276），元世祖忽必烈下令修建皇城崇天门前的周桥。很多人画了图送上去，都未入选，而杨琼设计的周桥“皆琢龙凤祥云，明莹如玉，桥下有四百石龙，擎戴水中，甚壮”，忽必烈十分满意，下令以此图为标准进行修建，建成后的周桥为皇城增色不少。金水桥的建造者依样画葫芦，照搬过来。

金水桥是单孔拱券式汉白玉石桥，青石板铺面。居中一座为主桥，最宽，位于昭园建筑的中轴线上，桥长 12 米，宽 4.2 米，拱高 2.8 米，跨度 2.3 米，连接中神道，供祭祀时昭王子孙通行。主桥左右各一座宾桥，长 12 米，宽 2.2 米，拱高 2.7 米，跨度 2.3 米，供宗室、封地属官通行。桥上有刻着蟠龙的石栏杆和望柱，望柱高 1.45 米，方形柱头上雕刻火焰珠形。三桥南端紧靠水池南壁，用小石板筑有东西宽 20 厘米、深 30 厘米的一条排水沟。在水池北壁东端，砌成半圆形进水孔，直径约 1 米，孔外端连接进水阴沟。沟始自内门以北，以疏导排泄各殿积水。在水池壁中部，砌成圆形泄水孔，孔外端连接泄水阴沟。金水河其实也是楚昭王地宫的排水通道，整座茔园的排水系统十分科学。

（文 / 刘桂英、祁金刚）

▌楚昭园金水桥位于江夏区龙泉山风景区内。

栉风沐雨五百年

——黄陂半河桥

古老、沧桑、坚固，历经了几百年的风雨，一直固守在黄陂区罗汉寺街河李湾西南的龙须河上，为村民的出行提供方便，这就是名字富有诗意的半河桥。

半河桥始建于明代，是一座石桥，全长 61 米，宽 3 米，高 4 米左右。桥面为打磨规整的青石条，泛着灰黑色，也许是经年的青苔留下的痕迹，透着沧桑感，有一种令人心动的朴素美。但走近她，你才会发现隐藏在她眉眼间的惊人美貌。青石条平铺顺砌，错落相衔，层层垒叠，整齐有序，形成高高的桥墩。桥面由厚大的青石板铺成，据说，两侧原来建有青石桥栏，但现在桥面上空空如也，青石桥栏消失在岁月的长河里，杳无踪迹。漫长的岁月里，人畜经过时遗落的灰尘落在青石的缝隙里，积累成单薄的土壤。只有生命力旺盛的小草在蓬勃地、恣肆地生长，把古老的石桥装扮成一座绿色的桥，使古桥焕发青春的活力。

1998 年 12 月，半河桥被武汉市人民政府公布为武汉市文物保护单位，这不仅仅是因为它悠久的历史，还因为它奇特的造型。明代修建且保留至今的桥梁并不罕见，但半河桥的造型在中国的桥梁史上是屈指可数的。

半河桥是一座石拱桥，有五个桥孔，桥面呈“Z”字形，也就意味着五个桥孔不是并排在河面上，而是分属三个面。桥分成三个部分，右边一个长方形桥孔和一个拱形桥孔并排，然后中间一折，是一个长方形桥孔，左边则是两个拱形桥孔并排。整座桥看上去好像两座只修了半截的桥梁在河中间搭接而成，因此得名

半河桥（任文胜　摄）

半河桥。

明末清初，罗汉寺商贾云集，南来北往的人都要从龙须河上经过。此前没有桥，冬春季节，雨少水枯，人们就踏着露出水面的黑色礁石过河。夏秋季节，面对与河堤齐平的河水，人们只能摆渡过河，极不方便。后来建好的半河桥，无论龙须河涨多大的水，也没有被冲垮过。

半河桥的桥面呈“S”形，能够减轻河水对桥身的冲击。半河桥还利用河中旧有的礁石为桥基，增强了桥基的牢固性。这些，都是工匠们利用自然、改造自然的伟大创举。虽然建桥的初衷只是为了方便普通百姓出行，但该桥也如珍珠一样，在历史的长河里熠熠闪光，并将一直闪烁下去。

站在半河桥上，在诗情画意中不仅能感受到它造型的奇特，还能感受到它厚重的历史。河李湾人铭记着历史，规定半河桥只供人畜行走，现代的交通工具一律走新修的大路。

半河桥（任文胜　摄）

要感谢这些淳朴的人们，给子孙后代保留了历史遗存，让我们有机会一睹有几百年历史的半河桥的风采，循着岁月的痕迹，找到历史印迹，还原历史的真实！

2020 年，半河桥被列入武汉首批地名文化遗产保护名录，成为名录中的 10 座古桥之一。

（文 / 任文胜）

半河桥位于黄陂区罗汉寺街河李湾村。

云雾山下有故事

——黄陂中分石板桥

木兰云雾山距武汉市中心城区 60 千米，距黄陂城区 29 千米，是武汉最大的郊野公园。云雾山东连长轩岭街的界山，中分石板桥就位于云雾山的东面、长轩岭街大屋岗村中分湾后的山涧河港上。

中分石板桥也被称为杨泮桥和杨畈桥，全长 12.8 米，主桥长 9.4 米，单桥墩，高 3.3 米，主体部分是用长 3.6 米、宽 1.35 米、厚 0.23 米和长 3.3 米、宽 1.33 米、厚 0.19 米的两块巨大青石板铺成。

中分石板桥始建于清同治四年（1865）底，复修于宣统三年（1911）。从开始建造到今天已有 156 年的历史，从复修到今天也有 110 年。关于中分石板桥的修建，民间有多种说法，但真正促成其修建有两方面的原因。一是与一个叫金贵的儿童之死有关；一是为了便捷，缩短村民从家里到田间的往返路程。

传说清同治元年（1862）的八月，正是乡间收割稻谷的农忙季节，榜上湾（也有人说是三屋湾）的农民黄福喜夫妇吃完午饭后，正准备去田里干活，但 4 岁的儿子金贵吵着要跟父母去田里玩。黄福喜连哄带骗不让儿子去，可是孩子就是不听话，偏偏闹着要去，在地上打滚哭喊。无奈之下，黄福喜的夫人就让黄福喜把金贵带着，三人一起去了山冲之间的田畈。到了田畈，黄福喜脱下上衣，铺在地上，让儿子坐在上面玩，并叮嘱他一定不要乱跑，更不要去山涧河港里玩水。说罢，夫妻俩就忙着割稻谷去了。他们一干就是两个钟头，把孩子在田畈玩这件事

中分石板桥（任文胜　摄）

忘得一干二净。等到割完稻谷伸直腰吐口气的时候，黄福喜夫妇才猛然记起了儿子金贵，但是哪里还看得到人。夫妻俩都慌了，分头在山冲、田畈、山林里四处找，还是没有找到。大声喊儿子的名字，山谷里也只有空洞的回音，没有金贵的任何回应。山野里静得可怕，一种不祥之感笼罩在黄福喜夫妇心头。最后，他们在山涧河港里找到了金贵——孩子已被水淹死多时了。

黄福喜的夫人跪在地上抱着儿子的尸体号啕大哭，黄福喜一时间也傻了，站在一边像一根木头一样一动不动，脸上老泪纵横，心里追悔莫及。黄家三兄弟只有金贵这根独苗，并且黄福喜夫人50岁才生了金贵，他黄家把这个孩子看得比什么都重，所以取名叫金贵。但是一不留神，金贵就这样淹死在河港里了，黄夫人深感自责，抑郁成疾，两年后因思子过度而离开了人世。

再说这黄门冲山涧河港长约10千米，北起陈家山、四屋，南至破楼子湾，除了几个地方有简单的便桥过涧外，没有一座像样的桥。由于山涧河港的阻隔，

中分石板桥（任文胜　摄）

虽然开门就见山，但要到山上去做点什么事非常难。再说，柴米油盐酱醋茶，柴是第一位的，上山砍柴、挑柴回家都要绕很远的路过涧，这样既费时间，又费工费力，十分不方便，生活在这里的村民深切盼望在河港上修建一座像样的桥。

到了同治四年（1865）十月，黄陂知县朱际敩来滠源乡黄门冲乡会一带体察民情。朱际敩找了几个百姓了解情况，得知他们面临的最大困难是没有一座过涧的桥，进山出山，时间都花在走路上了，活干不完不说，做事情的效率也不高，收成都填不饱肚子。朱际敩听了百姓的诉求后，就召集这里的乡绅、里正、乡会长、僧道等人到在团山（距中分湾仅 1 千米）家中养病的武昌府官员黄君山的官厅（人们把黄君山的宅屋叫官厅）商议建桥事宜。

桥肯定是要建的，众人商议的第一个问题是桥的选址。朝阳寺住持建议把石桥建在金贵淹死的地方，因为那个地方曾经夺走了小孩子的性命，有魔气、恶气和阴气，是个凶地，把桥建在那里，一是可用桥石压凶，以利本地往后百年的太平；二是在那个地方建桥离村湾、田畈、山场最近，出入最为方便。大家觉得住持说的虽然充满迷信色彩，但从地理位置上考虑确实有道理，再加上黄君山的支持，也就没有人表示反对。这样，建桥地点就算定下来了。众人商议的第二个问题是建桥银两如何筹措，这是重点也是难点。有两个人说了几句就冷场了，黄君山这时说：“我估算了一下，修桥大约需要 60 两银子，我说一个方案，大家看行不行？朱大人、黄门冲乡会各出 20 两，本人想办法筹措 20 两。”知县朱际敦听到黄君山如此说，脸上仍然有些难色，在黄君山一番劝说后，才勉强答应了。

修桥的银两有着落后，由黄门冲乡会组织石匠，于年底在山涧河港上建起了中分石板桥。

清宣统二年（1910），黄陂地区遭受特大暴雨，山洪暴发，将建成使用近 45 年的中分石板桥冲毁了。当年，湖北咨议局副议长夏寿康等人筹建了湖北赈灾会，不少县也相应设立了有关赈灾的临时机构。当时，黄陂县崇义乡所辖的黄门冲乡会负责人通过好友、清末秀才杨泮的关系，在黄陂县争取到了一笔经费，乡会又动员几个黄姓富户捐了一些钱，于辛亥年（1911）复修了中分石板桥。为感谢杨泮，黄门冲乡会有人主张叫它杨泮桥，杨泮坚辞不受。他还开玩笑说：“本人未出一分钱，只不过动了动嘴皮子，做了个顺水人情，岂敢贪功求名。”

（文 / 杜有源）

▍中分石板桥位于黄陂区长轩岭街大屋岗村中分湾。

木兰山下古桥情

——黄陂自在桥

在黄（陂）土（门）公路支线长（轩岭）塔（耳）公路边的陈家冲向右拐弯，再往东行走 1 千米，便可看到木兰山西麓木兰山村的自在桥。

今日的自在桥保存得相当完好，长近 10 米，宽 2 米，高约 2.5 米，坐落在张家冲上下湾之间田畈的涧港上。桥是棱形双桥墩，桥面铺有厚重的长条石，旁边有青石护栏。2008 年，黄陂区人民政府将其定为区级文物保护单位，在桥头，立有文物保护单位标志。

枯水季节，桥下芳草萋萋，从桥侧下去，跳过草丛中的几处水坑，踏着露出水面的几块石头就可来到桥下，只见桥墩条石上有龙头浮雕，旁边依稀有文字，但是已被磨损，看不清楚。

明朝初年的时候，自在桥曾经被称作竹林桥。明朝永乐年间以后又改称石板桥，到了清初还被叫过会仙桥。叫它自在桥，则是清朝道光末年的事了。

在唐宋时期，今天的张家冲上湾一带是一大片非常茂密的竹林。明朝初年，张家冲湾的先祖、山东布政使张瑞捐银修建石桥，取名竹林桥。到明朝永乐年间，随着木兰山佛教、道教的蓬勃发展，到木兰山朝山进香的香客不断增加，再加上张家冲上下湾先祖从江西迁徙到此地后不断地建房开荒，破坏了竹林，存在了几百年的竹林几十年间就被砍得干干净净。竹林没了，桥自然就不好再叫竹林桥了，所以木兰山僧道和张家冲的百姓就改叫它石板桥。

自在桥（杜有源　摄）

明清时期，木兰山香火鼎盛，前来朝拜的香客每年多达数十万人。那个时候，要上木兰山敬香远不像现在这样方便，无论多远完全靠步行。香客们上下木兰山，有四条主路可以走：东路烟沟，南路木兰川、祈嗣顶，西路长轩岭、张家冲，北路铁屎墩、北泉寺。四条上山道路，要数西路来的香客数量最多，他们经长轩岭集镇后，过滠水河，再经张家冲涧港上的石板桥上木兰山。

由于木兰山西面地形复杂，雨季时山水很大，再加上当初石板桥修建得也不是非常牢固，每隔几年会就被洪水冲垮。有的年份雨水多，一年之中毁而复建两次的事也曾经有过。石板桥被冲垮后，给当地人和外地香客带来了极大的不便，所以就有香客写打油诗抱怨道：“石板桥，颤颤摇，哗个大水桥冲跑，三丈水港过不去，绕道绕得好心焦。”

刚修好就冲垮了，冲垮了又继续修，这就形成了一个恶性循环。直到清道光二十五年（1845），张家冲石板桥仍然是一个只要发大水就不能行走的“病桥”。“大湾大路张家冲，石桥修来修去总被冲”的讽刺性话语在道光年间就有流传，之后越传越广。张家冲上湾的一个绅士听到后，觉得被人那样编排脸上无光，于是，他就和族人商量修一座一劳永逸的桥。因为木兰山的繁荣与张家冲的关系非常大，他们就向木兰山上的僧道求助，并且在从西路上木兰山的河南信阳香客及湖北孝感、云梦、安陆等地几个香客的主动捐助下，筹集了一批银两。然后他们在破楼陈和陈元益两个湾子里挑选了几个建筑技艺高超的石匠，精心设计，并将元末明初战乱时被毁的木兰山寺庙中刻有雷云纹和双龙戏珠、双凤朝阳等图案的条石搬了下来，将石刻图面朝下，铺作桥面，于道光二十六年（1846）修起了一座单墩座的石板桥。

这次石板桥建成后的情况就不一样了，道光二十九年（1849），木兰山一带下了特大暴雨，后山洪暴发，涧港水满，水流迅疾，流水接近桥面，但石桥却坚如磐石，岿然不动。于是，洪水再过桥时，人们再也不用提心吊胆了。人们悠闲自在地走在桥上，看着桥下滚滚奔流的洪水，相反，还感到惬意和开心，有闲庭信步之感。

至于它为什么叫自在桥，说来话长。那是道光三十年（1850）一个大雨过后的晴天，孝感一个石姓富户香客要上木兰山，他来到张家冲下湾时，遇到一个下山的信阳香客。孝感石姓富户就问信阳香客：“先生，我想问你一件事，往年来涧港桥不好，要绕好多路，现在涧港上的石桥好不好走啊？”信阳香客回答说：“现在的石桥可是今非昔比，你完全可以自由自在、安安稳稳地过桥。”对话被张家冲的一个绅士听到了，再后来，绅士在桥上看桥下滚滚洪水通过的时候就想到了这个对话，觉得很有意思，很受启发，此情此景下他就觉得“自在”这个词非常准确恰当，确实非常好，于是他就提议将当时仍被称为“石板桥”的石桥改称“自在桥”。这个提议马上得到了张家冲上下湾村民的一致赞同。自在，多么好，自由自在，没有拘束，自在随意地在桥上行走，不用小心提防。再说，朝拜木兰山求的是什么？无非是有一个好的前程，以及自由自在、平平安安。所以，从这里经过由西路上木兰山的香客更喜欢“自在桥”这个名字。

民国十七年（1928），自在桥因为年久失修，搁置梁面的单石墩出现了裂缝，不过承重没有任何问题。但是山洪暴发了，桥梁最弱处出现了问题。为了防止山洪冲垮石桥，由张家冲上湾富户张永受带头捐款，在旅店老板张发兴及木兰山上古禅寺所属准提阁、福慧庵、三圣殿及道教迎恩宫、古金顶众住持、道长的支持下，在原址重修了自在桥。重修后的自在桥由原来的单墩支撑改为双墩支撑，并在桥面上砌了青石栏，这样重修后的自在桥比以前的单墩自在桥更加牢固，也更加厚重、美观。

过去，这里是西面香客上木兰山的必经之路，现在则是美丽乡村建设的一个典范。这里有雕梁画栋的民宿，开门可见山。岁月在变，木兰山村也在变，而不变的是古老的自在桥，它作为一个存在，古朴而敦厚；它作为一种寓意，昭示着美丽乡村美好的生活。

（文 / 杜有源）

▍自在桥位于黄陂区木兰山村张家冲上下湾之间。

托起山水融入画

——黄陂龙墩桥

龙墩桥位于黄陂区，又名龙头桥、彭家桥，有400多年的历史。该桥为四墩五孔石墩石梁桥，始建于明万历四十四年（1616）。正桥长20米，宽4米，高5米，桥面铺设有48块巨型青条石，颇为壮观。昔日车轮辗出的深深车辙印还清晰可见。1999年在古桥原址上建公路桥，设拱并加长加宽，于是一座下为古桥上为水泥桥的"桥上桥"展现在人们眼中。桥墩正中镶嵌着铁制羊、马、狗、牛头，可视为吉祥物，又具标识水位的功能。墩尖迎水面镌刻龙头，后有龙尾，其工艺十分精湛，可惜损毁严重。

在古桥另一头的下新集村较完整地保存着一块龙墩桥建桥石碑，上面铭刻的文字为：

> （邑）之东（乡）三十五里南遥□彭家港桥（为）燕楚孔道往来缳骚每（洪）（水）泛涨。□□属□水激（浪）飞□劾风凛冽□与梁荷复重病□涉弟浩□□利济（帐）然之□道任修理之责□予为□之计此僦费凡五□（日）（建）于丙辰□成于丁巳□而桥斯竣（工）矣。……万历戊□吉（时）晨祷记□□□冬十二月弟浩全（力）监碑督历二□□□□□。

根据碑文中“（建）于丙辰□成于丁巳”，及“万历戊”等记载分析，建桥时间明确指向明万历四十四年（1616），万历四十五年（1617）竣工，古桥距今有 400 多年的历史。

龙墩桥的兴建应从距桥南 200 米的古镇下新集谈起。明清以前，它即是长堰周围地区的中心集市，又是南北驿站，曾热闹一时，后因明成化年间水道改流，下新集从此一蹶不振。但在明清时期，龙墩桥是长堰的地标建筑。

据介绍，以前长堰地区经常洪水泛滥，大水到来时，其他桥梁都没入水中不能通行，唯此桥高大不受影响，可通达四方。

时光流逝，龙墩桥周边现已发生了翻天覆地的变化，但是它的风骨从未变，它矫健而优雅的身姿，是故乡历史道路上永远的风景线。

（文 / 陈红梅）

▌龙墩桥位于黄陂区王家河街长堰社区。

木兰庙旁古桥存

——黄陂青石桥

青石桥（杜有源　摄）

青石桥位于木兰山的北面，桥头立着简单的水泥碑，上面说这桥是便民桥，明朝中晚期就存在。它长约15米，宽5.2米，高6.5米，用钢筋水泥做了保护性的桥面。只看青石桥表面的话，它和普通的水泥桥没有什么不同。它坐落在一条低洼弯曲的溪河上，桥下溪谷里的水是由木兰山与其东面山之间的大峡谷流下来的。峡谷里的水沿山势转折后，通过涵洞，穿过长塔公路，流到这条溪谷。溪谷里没有多少水，除季节原因外，还因为新中国成立之后峡谷口修了一座宏伟的大坝，由此形成的周王冲水库有几百亩的水面，需用去很大一部分水，以灌溉山下平缓地带的数千亩良田。

从水的上游方向看青石桥是最佳角度：青石桥是单孔石桥，桥基呈现巨大的拱形。一层层的大青石呈车轴状，就像一个年轮的剖面，但是，每一块大青石都是厚实又整齐的，排列在一起成为一个整体。拱下是水，拱顶上有横出来的石雕龙头。青石桥跨立于溪谷之上，稳重敦厚，看起来再存在几百年也没有问题。

关于青石桥的修建，民间有几种传说，其中一个传说是：明万历年间的一个五月，黄陂北乡普降大雨，导致山洪暴发，今木兰乡青石桥村小河上的石板桥被冲毁了。回家的路被切断，数十位村民被洪水围困在小溪河以南的一个土丘上。幸好此时有个绅士来到这里察看水情，见情况如此危急，他赶紧发动村民冒着瓢泼大雨抬着卸下的门板和准备做房梁的大圆木来到现场。人们将长绳索一头系在大树上，另一头抛到快要被冲垮的土丘上，让土丘上的人拉住，这边的人扶着绳索将门板和圆木放下水往土丘那边推，那一边的人扶着绳索将门板和圆木接住。洪水一眨眼的工夫就涨到人的胸脯前，被围困的人们伏在门板和圆木上面，才稍稍能喘口气。等洪水变小，被洪水围困的百姓才被解救。事后，绅士想，要是小溪河上有座高大坚固的石桥，就不会出现人们受困于洪水并且被淹死的事情。于是，他带头捐银两，募集钱粮，挑选石匠，亲自监工，以青石为材料，修建了一座石拱桥，并为桥取名青石桥。青石桥的修建，既方便了附近村湾的人出行，也连通了北去大城潭、南到木兰川的古道。人们无不称赞这位绅士的义举。

青石桥在建好后的300多年时间里，也经历了多次毁坏和修复。除自然的损毁外，相传曾发生“癸未劫案”致使青石桥受到有史以来最大的一次破坏。

明崇祯十六年（1643）六月，张献忠在武昌建立农民政权后，原麻城“里仁会”会首汤志为表归顺张献忠之意，以珠宝、黄金和名画进献。为防在路上遭到不测，他派心腹绕道黄陂北乡再折转去武昌。汤志心腹的马队出麻城后还是被当地地主肖某的侦骑探得，肖某率马队随后追来。护送珍宝的马队离青石桥不远时发觉有悍骑追赶，他们估计追兵是肖某等人，于是在过桥后便用所携带的炸药炸垮了青石桥。肖某等人被阻隔在小河北岸，等他们绕道很远再继续追赶时，汤志心腹的马队已经无影无踪了。

青石桥此次被炸毁后因复修的银两一时难以筹措，只好用石头搭建了一座便桥。每逢下大雨小河水满时这座便桥就不能通行，直到康熙初年才得以按原来的规模复建。之后又是百余年时间，经历了损毁、修缮、加固的轮回，如今保存下来的青石桥是道光末年在原桥的基础上沿袭明代桥梁风格扩建的。

现在青石桥边的长塔公路是黄土公路和火塔公路在北部的连接线，这条线路

青石桥（任文胜　摄）

已形成全域旅游路线的一个闭环，串起众多5A、4A级景区。从前，这里的交通远没有现在这样发达，当地人们的日常活动区域比较小，这一带的人都是到柿子店赶集，这座桥就是人们到柿子店赶集的必经之处。长塔公路建成后，这条路就被次生林掩盖了。

现在，不只是青石桥村，这一带的其他地方也都仍然以这座古桥命名。古桥失去了它的实用价值，但仍作为历史而存在，而长塔公路则承继并拓展了它的功能。

古桥的旁边，每年都会走过参与国际登山节的登山健儿。登山节最长的一条线路是从木兰乡往长塔公路走，过青石桥，拐弯穿青石桥村，往将军庙，从北面直上金顶。古桥的旁边，也走过参加第七届军运会的健儿。第七届军运会是一次聚焦世界目光的盛会，这条路也是这里联通世界的道路。

这里的桥不再只是桥，而是历史；这里的路也不再只是路，它是风景线。青石古桥不是被废弃了，它仍是风景线上的风景，它以另一种形式获得了新生。

（文／任文胜）

青石桥位于黄陂区木兰乡青石桥村。

历经沧桑的老者
——黄陂张都桥

张都桥始建于明朝中叶，位于木兰山西南麓滠水河东岸的汊港上。这道汊港长约 4 千米，蜿蜒于周家寨山和庙岗山的西南面，其最宽处 13 米，最窄处仅有五六米。张都桥所处的位置距离滠水河的东岸边百余米，桥所在处的汊港宽度约 10 米。明朝中叶之前，汊港上是没有桥的，那么，人们是如何通过汊港的呢？原来他们走的是汊港上放水的渡槽。渡槽长 10 余米，宽度约 1.2 米，将顶部用粗杉木、厚木板封闭起来，然后打上桐油防腐，再在上面钉上细木条起防滑的作用，这样，它就一物多用，既是能够放水灌溉农田的渡槽，又能够作为人行走的“桥梁”，这体现了劳动人民的智慧。但是，无论渡槽上的“天桥”做得多么结实，经过烈日烤晒、风霜雨雪侵蚀，一般四五年的时间就要拆旧换新一次，这是件很麻烦的事情。据民间传说，早年间汊港上的渡槽一直是周家畈湾的周姓人在铺设翻修。

周家畈湾汊港上拆渡槽开始修建石桥的时间是明弘治年间。民间传说，这一举措始于周家畈湾周士奇的主张。周士奇字季隽，生于明宣德十年（1435），卒于正德六年（1511），周士奇进士及第后官至大理寺右丞。他除了提出建桥的主张，还为修建石桥捐了银两。汊港上的石桥修建后，为往来滠水东岸的官民提供了极大的方便。所以，在弘治至万历的百余年间，经过汊港石桥的官民都非常感激周士奇。石桥建好后，曾有人要以周士奇的字为石桥取名季隽桥，但被周士奇谢绝。

万历三十九年（1611）前后，汉港上的石桥已经呈现出破败之状，桥面风化，有的地方破裂，透过裂缝能够看见涧水如练，如果不注意，新人还有可能从裂隙中掉下去。一座石桥的老年病犯了，既危险又给行人、车辆带来极大的不便。因此，周家畈湾周姓人拟筹集银两改建。当时周家畈湾出去的人在官场、商界发展得都不是很好，筹集银两遇到了很大的困难，修桥之事一时还不能如愿。到了万历四十一年（1613）的春天，峰回路转，事情有了意想不到的转机。时任都察院右佥都御史、辽东巡抚的今长轩岭街张家祠堂湾人张涛回故里省亲，当时春暖花开，一路上张御史春风得意马蹄疾。当路经周家畈湾时，他不禁心中一沉，他赶考是从这儿出去的，进士、举人、官吏多出的周家畈湾也让他敬重。可是老桥如此破败不堪让他唏嘘不已，一种为家乡做好事善事的念头油然而生，于是他捐出银两改建了老石桥。周家畈湾人为了感谢张涛，多年后经周家畈湾举人周必表、进士周希华等人提议，将石桥改名为张都桥。张都桥的石拱是单孔，形状好似半个鸭蛋，桥墩的平面北雕有龙尾，南刻有龙头，石桥全长 28.8 米，主桥 20.5 米，宽 4.4 米，高 6.5 米，底孔最大直径 6.8 米。张都桥连接的是北通豫皖、南达武汉的大路，是木兰山西南面周家畈湾、付家大湾、庞家湾、陈家湾、南冲湾、甘熊湾、易家湾、水口寺、王富山等 40 余个村湾百姓出入的交通要道。

张都桥于万历四十一年（1613）改建后，又于崇祯十五年（1642）春天遭炮火毁坏。崇祯十五年春，张献忠农民起义军艾能奇部两万余人出霍山进入湖广。艾能奇军经麻城、黄安到达黄陂后，把队伍分作多哨，沿滠水南下。一哨艾军在侵扰了大城潭、木兰山后，决定去官员富户多出的周家畈劫取财物，以充军用。当艾军的辎重部队千余人到达周家畈湾时，周家畈湾及附近乡勇数百人埋伏在张都桥北的庙岗山，阻击艾能奇辎重部队过桥，于是，双方在庙岗山和张都桥附近展开激战。激战中，农民起义军的火炮在轰击庙岗山乡勇阵地时，有几颗炮弹打在了桥上，将桥身炸裂。开战不到一顿饭的时间，乡勇就不敌农民起义军，退败到周家寨山。农民起义军乘胜追击，一鼓作气，又将周家寨山攻克。农民起义军下山后，有一股怒气需要发泄，因为他们虽然胜了，但损失惨重，于是有人提出将张都桥炸毁。恰在这个时候，周家畈湾附近传教寺的大和尚明仁法师路过此地，

张都桥（杜有源 摄）

央求农民起义军头目不要炸桥，才保住了张都桥。

清朝康熙年间，社会相对太平，民间余财增多了。周家畈湾富户周源浚捐银对张都桥进行过一般性的修缮，但每当遇到山洪，“人车均不能过桥”。至乾隆二十七年（1762），周家畈湾周瑾、袁氏夫妇慷慨捐银，才将张都桥基本修复。

到道光年间，张都桥桥孔与桥面又出现破裂，为方便行人车辆过桥，周家畈湾“武解元”周汉章、“文解元”周华廷父子知道后，承传祖上义举，慷慨捐银请石匠来修缮，“以益利乡民路人”。如今保存下来的张都桥，主体即周汉章、周华廷父子捐银修缮的。周汉章是道光初年名噪两湖（湖南、湖北）的武解元，周华廷是道光二十三年（1843）的文解元。由于周家畈湾在道光年间一家出了“武、文”两解元，且两解元情系乡里，为民修桥等事迹感人，因此从道光至宣统年间，六品以下文武官员到周家畈湾或途经周家畈湾，在距离湾南半里的张都桥，须“文官下轿”“武官下马”，布衣百姓更是称赞两解元义举。

“文革”期间，张都桥遭到了一定程度的破坏，桥上的龙头、龙尾被当作“四旧”砸去一半。由于桥建在交通要道，具有非常实用的功能，才得以保存下来，继续方便于民、造福于民。

到 2012 年 4 月乡村改造的时候，有关人员由于不知此桥的历史，不懂《文物保护法》，决定拆掉张都桥，建一座新桥。当时，挖掘机都开到了现场。笔者当时是街道文化站站长，闻讯后，在及时上报区文物管理所的同时，迅速赶到现场宣传《文物保护法》，村里和施工方比较配合，放弃了挖毁古桥的决定，后在古桥不远处建了一座新桥。

如今，张都桥历经沧桑，像一位智慧老者默默存在。它的桥身上走过多少人，它的前世今生经历过多少事，战乱、损毁、善念、重生，这是一个村庄活的历史。尽管现在它失去了交通功能，已经老态龙钟，桥孔多处已经出现开裂，桥基基石也被水冲刷裸露在外面，但它作为乡村文化的承载物，仍然能够让人们直观地感受到这片土地丰富与厚重的历史。

（文 / 杜有源）

▌张都桥位于黄陂区木兰山西南麓滠水河东岸的汉港上。

一桥两地津为通

——新洲孔叹桥

“孔叹桥”架设在问津书院门前右边的孔子河上，旁边有一个老亭子，桥的对岸有一个小四合院样的寺庙，传说一位高僧曾在此修行。现今的桥是四墩三孔

孔叹桥

石板桥，桥墩为棱形，是清代翻修后的遗迹。来书院学习的黄冈学子称孔子河为“水关”。孔叹桥全长 23 米，桥墩高 2.5 米，桥面宽 2.3 米，用 15 块长约 8 米、宽 0.5 米、厚 0.4 米的大青石板分三组相接并列平铺而成。

问津千年，古韵巍然。问津书院，门前流淌着微波荡漾的孔子河。相传孔子当年游学到此，因无船摆渡，涉水时车上的书被水淹湿，不能过河，只得望水兴叹。后人于是建桥纪之，名曰“孔叹桥”。

“孔叹桥”原为黄冈知县茅瑞徵于明万历三十二年（1604）募捐修建的一座石拱桥。后因河床淤塞，清咸丰元年（1851）重修。相传当年重修此桥时，孔子河周边的民众慷慨解囊，为重修此桥遍寻能工巧匠。

此桥留存至今，有很多神奇的传说，都是人们口口相传而来。相传当时村民们在寻找建桥材料时一筹莫展，恰逢村里来了一位得道高人，他为大家指点迷津说：“要修成此桥，非用龙骨不可。”

村民们诧异地问道：“去哪儿找龙骨呢？”只见他拿起罗盘依地而卦，随即指着南方一块长形垄岗说：“此地似龙形，必可得龙骨。”众人依其言，来到龙岗，掘地一瞧，果见一块块青石，浑然天成，坚硬且巨大。

龙岗就是现在的麻石山，离孔叹桥十多里远。当时没有拖拉机，更无起重机，要将每块重约几千斤的石头搬运到建桥处，且要使其不受损，并非易事。然而人的智慧和力量是无穷的。身强力壮的后生们喊着口号，光着膀子，在太阳光下，汗水银光闪闪，周边来自各村的助威者高声唱和着。闭上眼睛 ，当时搬运石头的盛况似乎历历在目。

一块长约 8 米的石头由 32 个后生抬着正好。再多一人则嫌拥挤，再少一人则嫌力量不足。真是无巧不成书，说来也怪，其中有一块石头众人使出浑身力气也挪不动。高人这时又悄然而至，向众人解释道：“此乃龙脊，不可妄动。”众人依言而行，留下龙脊，重新将此石恢复原状，只将其余的 15 块抬走，正好够修桥之用。

一百多年来，孔叹桥不断被河水冲刷和被车马碾压，至今仍完好无损，人们依然来往如常，求学之桥从古至今永不断。此桥现为全省古桥一绝，被定为省级

孔叹桥

文物保护单位。如今这里是新洲有名的问津胜地，正所谓：问津书院路，水陆往来频。银勒牵骄马，花轿载丽人。芰荷生欲遍，桃李种仍新。好住河堤边，两岸一道春。

春暖花开的季节，我们漫步在问津大道上，谈笑间在孔叹桥上来回行走，体会着它的神奇—— 一桥横跨新洲和黄冈两个地界。我们喜欢它源远流长的问津文化，喜欢它一桥互通的友好往来。如果说路是脚下的方向，那么桥就是通向彼岸的渡舟。行路过桥，如履人生，南来北往追寻津沽记忆，守望文化家园的人们重拾了问津文化，赋予了新洲教育强区更深的文化底蕴。

（文 / 万冬桂）

孔叹桥位于新洲区问津书院门前右边孔子河上。

石拱高宽为翘首

——新洲张公桥

在柳子港新大桥西南 500 米的地方，距举水河西岸大约 200 米处，有一条小河。小河长年流水潺潺，最后汇入举水河。小河的旁边有一条幽静的林间小道，沿着这条小道慢慢前行，不经意间你会看见一座精致如画的单孔石拱桥。

张公桥

张公桥

单孔石拱桥名叫张公桥，桥全长约 30 米，拱的跨度约 17 米，宽约 7 米，该桥外观与赵州桥极其相似。拱圈设计精巧。它由 4 道拱圈层层叠成，犹如 4 张铁弓紧密地黏合在一起，成为一体的弧形桥洞。更为奇特的是，4 道拱圈的厚度不一样，由上而下构成一定的比例，即 1 ∶ 2 ∶ 3 ∶ 4，整个厚度为 1 米。同时在桥的四个侧面都有大小不一的石头凸出来，就像是古代木桥打的木塞一样。

桥的这种设计可称得上精准、完美，施工技术也是巧妙绝伦，恐怕连天上的造物者也会自叹不如。更令人称道的是，全桥结构均匀，与四周景色配合得十分和谐。青青山色，淡淡溪涟，袅袅炊烟，依依杨柳，真是一派燕剪千家的小河风韵。

张公桥还有一段美丽的传说。相传，明洪武年间小河岸边有一姓张的富户，可说是家财万贯。可是夫妻俩都过了不惑之年还无儿无女，很是伤感。四处求医也不见效果，他们还常去附近的飞经禅寺祈求麒麟送子。一次，寺僧告诉他俩：“此处驿道行人商客络绎不绝，可因小河阻隔，河上木板桥狭窄、破旧，行人车辆很不方便，时有落水者，你夫妻若能在河上建一座石桥，方便众生，将是无量功德，我佛自会应你之虔诚。”

夫妻俩听后，点头再拜“娘娘”，诚谢僧人之传道。回家后，张公拿出家财，在小河上修建起了一座单拱石孔桥。张氏夫妻两年后果然生下了一对孪生姐弟。后来，人们为了纪念张氏夫妻捐资建桥的善举，便将石拱桥命名为“张公桥”，亦有过往行人把附近的“飞经禅寺”称为“张公桥庙”。古人云：“土扶可成墙，积德为厚地。”

传说这对夫妻后来高寿，无疾而终，所以，后人又称此桥为“万寿桥”，并立石碑于桥头。碑正面刻有“万寿桥”三个大字，背面撰有颂文，以示怀念。古人有诗赞曰：“雨后蓝天挂彩虹，何人弄架小河空。而今古道无天堑，万寿碑歌张老翁。”

（文 / 万冬桂）

张公桥位于新洲区柳子港新大桥西南 500 米处。

柳枝摇曳唤英灵

——新洲母子扁担桥

扁担桥坐落在红色苏区徐古街柳河村门坎山湾柳树河上，建于明清时期。扁担桥分为母子两座，母桥长 15.6 米，宽 5 米，桥墩高 12 米；子桥长 9.2 米，宽 4 米，高 6 米。母桥与子桥相距 7 米， 母子扁担桥通体用花岗岩砌成，石块与石

母子扁担桥

母子扁担桥

块之间用糯米浆及石灰黏合。母桥在河中有两个桥墩，桥墩中间宽、两头尖，呈扁担形，也叫梭子形，桥面用长 5 米、宽 0.5 米、厚 0.3 米的大石条铺成。桥墩两头每个三角形巨石上嵌刻一个大大的繁体的“寿”字，子桥与母桥结构相同。两座桥一大一小像一对母子。与它们相距大约 100 米的同一条河上还有一座建于明清时期的拱桥。

相传明清时期，河两岸长满柳树，由于河水长年冲刷，一棵需要几人才能合抱的大柳树倒向河对岸，形成了一座天然的柳树桥。柳河村、柳树河也因此得名。柳树因长年在水中浸泡逐渐腐烂，不能再承载四乡八邻的村民过河，于是当地百姓就有钱的出钱，有力的出力，请了石匠师傅，齐心合力在柳树倒下的地方建造了扁担桥，并在旁边的支流上也造了一座小一点的扁担桥。因石桥形状又有点像妇人织布用的梭子，当地人也叫它“梭子桥”，两座桥就像是母亲在教女儿织布。这两座桥建成后，往来的客商也越来越多，两座桥可以南通团风，北通麻城，西往新洲。桥的周边还形成了一个不小的集市。

随着周边村民逐渐富裕起来，这里也迎来了人们思想解放。1927年，革命的火种在柳河地区点燃，中国共产党在河的南岸成立了党组织，发展党员20多人，在桥边的门坎山湾设置了地下交通站，成立了儿童团，本湾村民赵抗任团长，赵绪刚任交通员。

1936年，红二十八军经过扁担桥，并在柳河村成立了手枪队。因国民党反动派的围追堵截，红二十八军伤员较多。红军和当地党组织就在河两岸建立了200多个红军伤病员护理点，护理伤员1000多人，扁担桥成为红军运输物资和药品的“生命通道”。

在“白色恐怖”时期，国民党反动派在扁担桥北的山上建了两座碉堡，派重兵驻守，同时对周边村庄进行围剿，先后逮捕共产党员和无辜百姓十几人，并在扁担桥上将他们残忍杀害，这是一座英雄的桥。全面抗战爆发后，1938年10月，新洲、团风相继沦陷。10月初，周德顺在扁担桥南朝寺成立抗日挺进中队，后来张体学、刘西尧在柳河地区成立了鄂东抗日第五大队，周边村落的热血青年七八百人积极投身抗日的洪流。扁担桥成了当时的交通要道，抗日部队结合当地的有利地形给日伪军以沉重打击。

1939年9月夏家山事件后，第五大队实行战略转移，他们跨过扁担桥参加了新四军。扁担桥两岸参加革命的热血青年一个也没回来，都献身给了革命。为了纪念牺牲的烈士，每年农历三月三当地群众会自发在扁担桥边用饭、水果等祭奠英烈。扁担桥朴素而简单，它让后人牢记那段光荣的历史，让共产党的精神永世流传，它是历史的纪念碑。

（文 / 万冬桂）

母子扁担桥位于新洲区徐古街柳河村门坎山湾柳树河上。

乐善好施永世传

——新洲贺婆桥

新洲区三店街有一条土河，宽约七丈，深约一丈。河水清澈见底，由东北向西南悠悠流淌。土河上有一座桥，名叫“贺板桥”，古称“贺婆桥”。清朝时，这里被称为贺桥，是一个小农产品集市。一代代贺桥村的长者不断向后人讲述着贺婆修桥补路、乐善好施的故事。贺桥村的村民在贺婆精神的感召下，先后六次修复贺婆桥，让贺桥集市走向鼎盛，远近闻名。

一开始土河上并没有桥梁，每逢枯水季节，两岸村民或赤脚涉水，或以石垫脚通过。梅雨季节，河水暴涨，河床变宽，河水加深，两岸村民无法过河，经常因此延误了耕种，耽误了赶集。

当时，河边的村庄里有一个家境富裕的贺姓婆婆，六十多岁，膝下无儿无女，老伴去世多年，一个人寡居，人称“贺婆”。贺婆勤劳善良、乐善好施，经常接济困难人家，村里人都叫她“贺菩萨”。每年土河涨水的时候，看着无法过河的村民脸上的愁容，贺婆心里非常难过，她觉得自己应该为村里人做点事。于是，贺婆跟大家商量说：“我想在河上架一座木桥，方便乡亲们过河。”

贺婆出钱，请村里人到附近的山里买来了上好的木材。淳朴的乡亲们有钱的出钱，有力的出力，大家一起在河中间竖起两个支架，再在支架和两岸分三段铺上厚厚的木板，修起了一座木板桥。为了纪念贺婆的善举，人们就把这座木板桥叫作 “贺婆桥”，把木桥旁的村庄改名叫“贺板桥”，将附近的那个小集市也

贺婆桥

改名叫“贺桥”。

很多年以后，贺婆桥的木头在风雨中一点一点被侵蚀，人走在上面容易发生危险。贺婆年事已高，体弱多病，再也无力看护桥梁了。她找到湾里的里长说：“我无儿无女的，想把家里的全部积蓄拿出来，让大家一起把那座木板桥改建成石板桥！石板桥不会烂，用的时间长。”

里长答应了贺婆的要求，立即召集族人开会，商量修建石板桥的事。大家都说：“一定要抢在贺婆去世之前建成石板桥，让她老人家亲眼看到，并到桥上走一走。”

里长组织人从山里买来九块上等的青石板和一些青石块，每块石板长一丈有余，宽、厚各一尺，重达数吨；每块青石块长两尺多，宽、厚各一尺有余。里长还专门请了远近闻名的石匠师傅负责修建石板桥。动工的那天，附近的村民闻讯后纷纷赶来帮工。大家齐心协力、日夜不停地修桥。

石匠们在河中间用青石块建成两座桥墩，桥墩高约一丈，长约五尺，宽约两尺，立面呈流线型，形如冲担，两头尖中间方正。桥墩尖头对准流水来去的方向，最大限度地减少河水的冲击。中间方正，用来摆放作为桥面的青石板。接着，石匠们在两边河岸各建起了一个岩墩，岩墩与桥墩大小相同，只是尖头改为斜面，护住桥头黄土坡岸。

石匠们用几根大木料扎成三角形支架，用来架设青石板桥面。他们首先将三块青石板并排安放在西南岸墩和第一个桥墩上，然后再将三块青石板并排安放在河中两个桥墩上，最后将三块青石板并排安放到东北岸墩和第二个桥墩上。桥面由原来的两尺加宽到三尺。当最后一块青石板放到桥墩上的时候，里长请来贺婆，搀扶着她第一个走过石板桥，并由贺婆宣布石板桥建成。贺婆看着坚实宽阔的青石板桥，激动得连连点头。在所有在场人的注视下，贺婆迈开三寸金莲，一步一步慢慢挪动，走到桥头的时候，她轻轻地在桥墩尖蹬了蹬脚，说："这是我做的最后一件善事，我不中用了，以后就看你们的了！"说完，就走下了桥。据说，贺婆下桥后，大家发现她蹬脚的青石板上竟然留下了一个深约一分的"三寸金莲"脚印！可惜，后来的青石板桥上并没有贺婆的脚印，但贺婆留给子孙后代的助人为乐的精神却被永世传颂。

贺婆桥经历了岁月洗礼，重要的几次修复情况如下。1922 年，土河流域洪水暴发，大水冲毁了石板桥，廖畈湾的王华荣传承贺婆善行，带领湾里人修复了贺婆桥。1938 年，国民党军队为毁坏日军交通线，将贺婆桥拆毁。1940 年，王华荣之子王国清带头再次修复贺婆桥。1969 年，洪水冲垮了贺婆桥，洪水过后，附近的村民纷纷捐款，在政府资助下，贺桥人用石头和钢筋水泥再次重修了贺婆桥。

现在新的贺婆桥是第六次重建的，因为三店发展的需要，建筑师们在三店到潘塘的公路上新建了一座贺婆桥，但原来的贺婆桥依然保留，它感动着一代又一代人，它体现的公益精神始终熠熠生辉。

（文 / 万冬桂）

贺婆桥位于新洲区三店街附近。

做人之道德为首

——新洲十家桥

阳逻毛集的三房湾前有座石拱桥，当地人叫它“十家桥”。传说是当地陈氏十位乡绅为方便当地百姓出行而捐款修建的。

清代乾隆年间，毛集三房湾村前的田间有条深沟，百姓平时得卷起裤腿涉水过沟，出行、做活极为不便。当时，湾里的十位乡绅自愿修座石拱桥方便四方村民。他们捐款集资，然后报官府批准，择吉日动工。

官府的一个张姓官员见捐款甚多，提出要由他指定的工匠来建桥，并让自己的妻子负责管理修桥的钱财。其妻林氏大字不识一个，本没有资格管钱，但张姓官员使银子打通关节，林氏参加选拔考试，居然考得全县第一。真是不是一家人，不进一家门，林氏贪银子的手段比其夫更狠，连路边修的茅坑也成了她家来钱的渠道。据老人们说，阳逻第一家“收费厕所”在这一时期就有了雏形。

石拱桥建成后，一算修桥费用，远远超过了预算，十位乡绅看出了其中的问题，要求清查修桥账目。张姓官员拿出精心准备的账本给众人，众人竟无可辩驳。十位乡绅无可奈何，就想到采用最传统的道德惩罚方式，希望张姓官员能主动退回银两。于是，大家一起在石拱桥上焚香发誓，如有人贪污众人捐献的善款，他家的子孙后代男盗女娼。张姓官员并没有退回贪得的银两，而是和大家一起朝天跪拜，焚香发誓：“为官一任，造福一方。勿以恶小而为之，勿以善小而不为，惟贤惟德，能服于人。”数十年后，张姓官员果然家道衰落，其孙子因行窃被人

十家桥

追赶，掉下桥淹死了，孙女跟长工私奔，最后流落扬州为妓。

“文革”时，有个造反派头头以“破四旧”为名，拆掉桥面石板，然后抬回自家作屋基石块，不久后他暴死路边。

古人云：“不义之财不可取，取之无道，用之无度，最终害人害己。”说是迷信也好，传说也罢，古人始终把“德”放于首位，万事“德”为先。做人如此，经商亦如此，不偏离君子之道，合乎法律，合乎法规，于民有益，这样取得的财产才有价值，才会对社会发展起到正面作用。

如今，重新修建的十家桥依然横跨在深沟上，四周种的全部是莲藕和水稻。这桥，美了山水，美了乡村，也美了农民们的心灵。

（文 / 万冬桂）

十家桥位于新洲区阳逻街毛集村三房湾前。

沧桑要道铺成卷

——新洲拱背桥

胡家田拱背桥坐落在三店街七田村胡家田湾，始建于明清时期，是河南省光山、新蔡等县至湖北新洲的一条民间商道。该桥长 9 米，宽 3.2 米，桥上每一块石条与石板的纹理清晰可见，石条上均标注有数字，石条与石板之间结合完美，历经 200 多年依然完好无损，令人赞叹不已。

拱背桥在清光绪朝以前是木板桥，经常损坏，也经常维修。随着社会的发展，商人携带的货物不断增加，运输量加大，木桥的危险困扰着当地百姓和过往的商家。

光绪元年（1875），胡家田有位德高望重的老人，名叫蔡正明，他家住在村头，经常有路过的商人到他家里找茶水喝。老人对过路人很热情，很多商人在走的时候会留些钱物给他，于是老人就在木桥附近搭建了一座茅草凉棚，放些茶水，供过往的客商歇脚，所来之人或多或少会留些小费，久而久之就形成了习惯。蔡正明老人收到钱物后与儿孙商量将来要用积累的这些钱建座桥，儿孙们都点头同意。有了儿孙们的支持，老人在凉棚的服务更加热情周到。

有一年夏天，河南光山一位胡姓商人带着一队脚夫来凉棚喝茶时突遇大雨，他们所运的货物不能淋雨，蔡正明老人便让全家人出动帮助将货物全部盖好，雨停后，胡姓商人万分感动，他拿出一包银两双手捧到老人面前，老人却说："通过这几年的观察，我发现你心地善良，每次带着商户过桥都留下不少茶钱，这次帮你算是缘分吧！你赶紧走，河水涨了，桥就不安全了。"胡姓商人感动落泪，

拱背桥

过桥时特地叫一脚夫停下来拿着扁担量了河的宽度才走。

原来这位胡姓商人是当时河南商会的名人胡德财，回到河南后他积极筹集资金，准备建座石拱桥，但他事先并没有告知远在湖北的蔡正明老人。直到当年重阳节时，从河南方向来了一支推车队伍，车上装的是石条、石板。石条、石板有长有短，有大有小，上面还有数字标记。经询问，老人才知道这些是那位胡姓客商送来建桥的石材，老人高兴得热泪盈眶，跑到湾里叫人卸车，再叫人买菜做饭。

当年秋季全湾后生在河南石匠的指导下，按照石条上的数字标记将石桥建成，石料一块也不多一块也不少，可与现代桥梁的精湛技术相媲美。拱桥落成后，蔡正明老人对后生们说，为了感谢那位胡姓客商，就将拱桥取名为“胡家田桥”。后来该湾也改名叫胡家田湾。

胡家田拱背桥经历了一百多年的沧桑岁月，它不仅仅是古代的交通要道，还保障了抗日战争和解放战争时期大后方的交通运输，也是中国社会从一个时期到另一个时期进步的写照，更是中国桥梁建筑文化的缩影。

蔡正明老人用自己的朴实照亮了世间的一隅，众人无不怀念这永恒的公益精神。对商人胡德财来说，承诺不是说出口就消逝的烟雾，他践行了自己的信念，诚信是为人之本，是开在人类心灵上的花朵。

现今的拱背桥上，人们经常会看到一位桥的守护者，他就是胡田村的书记蔡金明。蔡金明是一位文物守护者，为了保存这座古桥，在要拆除这座古桥重新建新桥时他勇敢地站了出来，多次向上级机关申请，经过他的努力，最后既重新修建了一座新桥，又将这座古桥保留了下来。为了保护好石桥，他常常将桥上长出的、对桥有危害的枝丫砍掉，经常对桥进行维护。现在新桥建在离这座古桥 50 多米远的地方。

文物是历史的遗留，是人类精神和文化命脉的传承。我们期待有越来越多像蔡金明书记这样的有心人，让文物保护工作能够传承下去。

（文 / 万冬桂）

▍拱背桥位于新洲区三店街七田村胡家田湾。

心诚则灵万事顺

——新洲望仙桥

望仙桥

说起洪溪沟，很多人怕是不知道，其实洪溪沟就是在靠山店东北方向的、陶岗和林岗之间的一条小溪沟，它的上游曾经有一座古寺，古寺因地取名，叫作洪溪沟禅寺。洪溪沟禅寺虽然早就荒废了，但是它为人们留下了这条小溪沟的名字。

洪溪沟并不宽，但曲曲折折，护田绕绿，水清如玉，鱼肥虾美，两岸自然是鱼米飘香。洪溪沟上有一座古石桥，两墩三孔，条石为面，车辙犹在，为古时黄州及豫省邮传、商贾驿道，名为望仙桥。谈起望仙桥的来历，还有一段故事。

相传在很久很久以前，洪溪沟上并没有桥。那个时候，无论是冰冻三尺的严冬，还是残雪消融的初春，来往的人要想到对面去，就只有打赤足，扎起裤脚，从冰冷刺骨的溪水里趟过去。

洪溪沟东不远处住着一户姓董的人家。董家当家人是董老汉，膝下有一独子，雇有几个长工，守着洪溪沟边几十亩良田过日子。说起来董家的家境还算殷实，吃喝不愁，衣食无忧，也算得上是半个土财主了，但不知怎的就是人丁不旺，祖上几世单传，如今儿子成年，儿媳妇进门都快三年了，她那个肚子硬就是一次也没有凸起来。为此，媳妇急，儿子急，做公公的董老汉更着急。

望孙子慢慢地成了董老汉的一桩心事，心急如焚的董老汉于是逢菩萨便拜，遇神仙就求，金银花了无数，但就是没有结果。

有一年冬天，董老汉正托着水烟壶，穿着黑皮袄，在洪溪沟边的田埂上吩咐他的几个长工给水田起板（犁田），这时沟对面走来一个小脚老太婆，她一手拄拐，一手提篮，来到洪溪沟边就要脱鞋涉水过沟。董老汉一时心生怜悯，连忙喊住老太婆："等一下，天寒地冻的，我喊个人把你背过来吧！"说完就喊来一个长工趟过洪溪沟把老太婆背了过来。奇怪的是老太婆也不言谢，走了两丈远后，回过头来对着董老汉叹了两口气："哎！哎……"叹完气后又说了几句话，但说得有些含混，董老汉并没有听清，他也根本没想着要把一个老太婆的话放在心上。

那个背老太婆的长工却听清了老太婆的话，他伏地便拜。董老汉看着他的举动有些奇怪，跑过来一问，才知道老太婆说的是："麻姑回仙山，年年此地过。今年遇善人，善人不绝嗣！"

等董老汉回过神来，爬上水田倒坎再去找"老太婆"时，却怎么也找不到了。麻姑，本是麻城麻秋之女，慈悲为怀，善感天地，位列仙班。此处又是黄安、麻城等地及河南省的邮传和商贾驿道，麻姑回仙山途经此地，让人不得不信。更何况这董老汉是眼见着那个"老太婆"从眼前飘然而去的。董老汉大喜，当即取来香烛，燃烛焚香叩拜。

人们都说董家这回子嗣有望了，但过了半年董家还是没有喜讯传出，慢慢地大家都对长工的话表示怀疑了。到后来，这董老汉也怀疑自己当天是不是看花了眼，只好不抱希望。

又一年春回大地，草萌柳发，生机勃勃。董老汉午间打盹做了一个怪梦。他梦见自己飞入云端，遇到麻姑仙子提篮采桃归来。仙子对他说："我将你的善心告诉了司命，司命说董家祖先将路人搭在洪溪沟上做桥的一棵老梓树收归己有，打了一件对开门的衣柜，这有损阴德，自此子嗣不旺。我再三央求司命，司命留下话说：'填平前世德，再望现世孙！'"

董老汉醒来后感到很惭愧，但内心了然，不禁在心里默默感谢上仙。董老汉开始变卖部分家产，特别是那个梓树打的衣柜，并寻访最好的工匠，在麻姑显圣处修起石桥一座，依愿取名望孙桥。一年以后，董家果得福报。

望孙桥建起后，走的人多了，知道这个事的人也慢慢多了。麻姑的故事，有人相信，有人不信，也有人将信将疑。一天，有一个贩卖茶油的商队从此路过，大家笑说着“麻姑显圣”的事，其中一个人表示不信。这个人骑着毛驴自信地走上石桥，指天立誓说：“如果真有神灵保佑，就让我骑着毛驴从石桥上掉下去……”他话还没有说完就从石桥上跌了下去。更让人惊奇的是，人和驴竟然毫发无损。

这个人从桥下爬起来，连声说：“真有神灵在此！真有神灵在此！”这个故事传开以后，人们更加相信麻姑显灵于此，常来此处焚香燃烛，祈求许愿不断，香火兴盛了好久，人们都期待得到麻姑的保佑。

再后来，“望孙桥”的名字就逐渐被人忘记，“望仙桥”之名则流传了下来。

（文 / 万冬桂）

望仙桥位于新洲区靠山店往东北去陶岗和林岗之间的洪溪沟上。

青石花开永不败

——新洲九口塘石桥

九口塘石桥

九口塘石桥位于潘塘街郑楼村九口塘湾西约 1000 米处的土河上。土河河水由西向东流，河宽 8 米，实际水面宽 4 米，石桥为单拱石桥，正桥长 5.2 米，两端引桥北长 2 米，南长 1.2 米，桥宽 2.95 米，桥高 4 米，水面距桥面 2.95 米，桥面由 4 排石板铺盖，主桥圆拱由青石条砌成，两端八字引桥挡土墙由青石条及大青砖砌成，共 13 层。通过调查走访及分析，可判断此桥建造年代应为清代，桥身至今保存完整。

（文 / 万冬桂）

九口塘石桥位于新洲区潘塘街郑楼村九口塘湾西。

苏陈别离传佳话

——新洲心送桥

心送桥

北宋元丰二年（1079），大文学家苏轼（号“东坡居士”）因作诗讽刺新法，获“文字毁谤君相”罪入狱，史称“乌台诗案”。出狱后，他被贬黄州任团练副使。

其间，苏轼的故交陈慥（字季常）因不满时势，也愤然撕毁官服，放弃官派车马，来到黄州与光州之间的龙丘镇（今三店街）隐居，自号“龙丘居士”。

苏轼与陈慥非常要好，他们经常往来，交往甚密。

一次，苏轼从黄州专程来到岐亭探访陈慥。陈慥粗茶淡饭招待苏轼，二人每日填词赋诗，谈佛论道，其乐融融。住了几天后，苏轼要回黄州，陈慥亲自给苏轼送行。送到龙丘北边约五里地的邹家大塘（今西黄村朱家大路，古黄麻官道边），两人难舍难分，执手涕零。走过石拱桥头，苏轼劝陈慥不要再送。陈慥说：“你今离去，我亲自相送，难舍故人之情。我要用心再送你五里路。”两人挥泪而别，苏轼离开小桥后，陈慥伫立桥头，翘首远望，在心里盘算着苏轼的行程，久久没有离去。

在回去的路上，书童问苏轼："您与陈公交情很深，为什么陈公粗茶淡饭招待您，又不怕劳累送您到龙丘呢？"苏轼说："我们是重在感情，不在吃喝，他现在还在那桥上用心送我哩！"

书童不相信，苏轼便跳下马来，让书童骑上他的马回去看一看。书童策马回到桥头，果然看见陈慥还在石拱桥头站着未走，书童才真正相信他们是挚友。

后来，人们为了纪念苏、陈二人的真挚情谊，就将邹家大塘北边的那一块荒地取名为"哭行地"，将"邹家大塘桥"改名为"心送桥"，并在那里立了"服苏碑"。

心送桥作为"龙丘八景"之一，备受时人推崇，常有人来此凭吊。清代有词赞道：

居士人中豪，北宋词曹。
季常苏子两相逢，当日杏花村里遇，送到溪桥。
如漆又如胶，本是神交。
何须折柳赠枝条，终以名传皆不朽，千古风高。

说来也奇怪，从古至今，心送桥附近的哭行地两米之内都不生蚊蝇。

（文 / 万冬桂）

心送桥位于新洲区三店街邹家大塘北边。

舍子成桥美名扬

——新洲洪嗣桥

在三店街董椿村程家林湾东北,原来有一座石拱桥,名叫洪嗣桥,俗名“卖儿桥”。

清乾隆二十四年（1759），程家林湾有一孀妇程洪氏，其丈夫去世后留下许多财产，因为没有生育孩子，家中没有继承人，她准备改嫁。她决定将家中的部分财产捐献出来，修建一座桥，为当地人做件好事。

程洪氏与大冶的董石匠订下协议，由董石匠承包并负责修建石拱桥。董石匠拿到承包石拱桥的钱款后，竟然不加节制地大肆挥霍，致使后来修桥经费短缺。程洪氏知道后，多次补加银钱。但是，董石匠还是拖延工期，没有按照原来的约定将石拱桥建好。程洪氏就和当地士绅一起，多次找到董石匠，催促其尽快完成石拱桥的建设，不然就报官。董石匠没有办法，只好将亲生儿子卖了，用卖儿子的钱购买材料、雇用其他石匠，终于将石拱桥建成并交付使用。石拱桥建成后，程洪氏就在桥头立了一块石碑，记载修桥的经过和初衷。碑文中有“董师怀义，舍子成桥”的记述。于是，人们就将此桥称作“卖儿桥”。

后来，洪氏改嫁到王家铺一户王姓人家，先后生下了几个儿子。洪氏认为是因为修桥行善才生子有后,于是捐出家中部分财产,设立了一个“桥渡公”(即维修基金),由族人掌管，逐年积累资金，用于维修此桥，并将石拱桥改名为“洪嗣桥”。

新中国成立后，因河沟改道，洪嗣桥被拆毁。

（文 / 万冬桂）

洪嗣桥位于新洲区三店街董椿村程家林湾东北。

透过圆孔见繁华

——蔡甸三多桥

三多桥位于蔡甸区大集街西板桥村莲溪小区附近，始建于明末清初。这座桥取名为“三多”，源于当地村民对“福禄寿”三种美好事物的企盼。

三多桥在当地又被称作“黄土坡石桥”或“梦桥”。桥处在一个河谷中，一侧有一面高高隆起的黄土坡，另一侧地势较为平缓，被垦为菜地。下坡跨过排水

三多桥（杜俊军、吴迪、杨琳　摄）

沟，穿过一片美人蕉花地，就可以见到被杂草遮盖得严严实实的三多桥。

三多桥桥面呈“S”形，当中为一个单拱，桥身全长 23 米，桥面宽近 3 米，桥面两旁竖有双圆孔麻石栏杆。从侧面才能看清桥洞，莲溪从桥下淌过。

1998 年，三多桥被武汉市人民政府列为武汉市文物保护单位。2020 年，三多桥成为武汉首批地名文化遗产保护名录中的十座古桥之一。

洗尽铅华，站在这杂草丛生的古桥之上，透过桥上石栏的圆孔看着不远处的高楼，这里显得格外荒凉，但坐在桥身之上，看着桥上一排排的双圆立式石栏，仿佛穿越了时空……抚摸着石栏四周绳索留下的痕迹，可以想象当年此地一定是一幅车水马龙的景象。大集的乡亲或者商户从这里上船，船只满载着物资沿着莲溪驶向南湖，然后直达升官渡。在陆路交通不发达的年代，这里是大集和汉口往来的重要通道。

余晖之下，这寄托着大集人民多子、多福、多寿愿望的三多桥仿佛一位垂暮的老人，它已经完成了历史赋予的重任，但仍铭刻着历史长河中的一段历程。

（文 / 陈红梅）

三多桥位于蔡甸区大集街西板桥村莲溪小区附近。

韬光养晦济民生

——蔡甸马城桥

马城桥位于蔡甸区索河街彭新村与汉川市马口镇高庙村交界处，是一座单孔石拱桥。

马城桥又名仙人桥，亦名韬光桥，桥下是一条无名河，向西注入白石湖，石

马城桥（杜俊军、吴迪、杨琳　摄）

桥横跨其上，北连汉川市，直通马城。

马城桥始建于三国时期，原为木板桥，明嘉靖年间改建成单孔石拱桥。全桥均为青条石用糯米瓦灰黏接而成，长5米，宽3米，高4米。拱面中央镶嵌石刻，上面文字为："功德何人及，名誉岂敢邀。不碑无所记，铭曰韬光桥。嘉庆十三年岁官戍辰季春吉日谨识。"1979年，该桥改建成钢筋水泥结构的单孔桥，长10米，宽5米，高4米，桥面离水面5米。

马城桥是彭家村一个无儿无女的寡妇婆婆所建，她把一生的积蓄捐献出来，在河上修了这座石板桥。该桥是南北走向，以前汉阳一半的货物都从这里运走。彭家村里有几十条船，很多人靠运货、摆渡谋生，直到1978年村子里还有船。

民间传说三国时期刘备、孙权联军曾在此地筑土城拦马，桥就取名马城桥。"韬光"就是发财有钱的意思，前面所说的那位婆婆看到这里河水大，就想修桥，她逢人就说"韬您的光"，等她慢慢有钱了，桥也修起来，就为桥取名韬光桥。

马城桥桥身为石条砌筑，桥面由青石条横铺。据文献记载，到清朝嘉庆十三年（1808）时，这座桥才由原来的石板桥重修为现在的石拱桥。当时，时任吏部主事、彭新集人彭守正重修了此桥，他认为这是韬朝廷和前人的光，不敢把功劳揽于自己一身，于是就有了桥头铭文：

公德何人及，名誉岂敢邀。不碑无所记，铭曰韬光桥。

（文 / 陈红梅）

▍马城桥位于蔡甸区索河街彭新村与汉川市马口镇高庙村交界处。

平林新月人归后

——蔡甸官桥

官桥位于蔡甸区索河街官桥村，相传为三国时关公所建，桥名取“关”的谐音，又寓意升官发财。

清初，官桥由木桥改建为石台石面平桥。清末，复建为长 4.7 米、宽 4 米的

官桥（杜俊军、吴迪、杨琳 摄）

官桥（杜俊军、吴迪、杨琳　摄）

麻条石平桥。

1969 年，蔡城大道复修，官桥便向北移建到李家集。1998 年，官桥改建为钢筋混凝土简支板桥，桥长 16.4 米，宽 7.2 米，单孔净跨 6.7 米。

“独立小桥风满袖，平林新月人归后。官桥村里走一走，世外桃源在此有。”时光流逝，现在的官桥不仅是一座桥，而且是乡村振兴和美丽乡村建设的一个缩影。

（文 / 陈红梅）

官桥位于蔡甸区索河街官桥村。

小桥流水有新家

——蔡甸同善桥

同善桥位于蔡甸区永安街向集村的孙家渡，是一座单孔石板桥，桥长 6.2 米，宽 3 米，桥面由 7 块近 6 米长的麻石条搭建。

据桥头东侧的铭文记载，该桥建于光绪甲辰年（1904），由当地一富人奉其母亲之命出资修建。桥面两侧的石板上留有四个圆形凹槽。桥上原有护栏，只是现在已不知去向。桥的南北两侧是八字形护坡，如同两双燕尾钳住桥身，护坡墙

同善桥（杜俊军、吴迪、杨琳 摄）

武汉市文化保护单位石碑（杜俊军、吴迪、杨琳　摄）

由麻石和红砂石分层铺筑而成，麻石条宽厚，红砂石窄细。从桥底下望去，可以看见桥墩中的红砂石上钉有两个铁环，是此处渡口系船用的。

2011 年，同善桥被武汉市人民政府公布为市级文物保护单位。

小桥流水人家，新人新村宝马。有了小桥，路不再断；走过同善桥，就可以看诗和远方。

（文 / 陈红梅）

同善桥位于蔡甸区永安街向集村的孙家渡。

不朽的丰碑

——汉南南丰桥

这是一座再普通不过的桥，如果不知道其背后的故事，估计没有多少人能记住它，但是当它和一座纪念碑紧密地联系在一起的时候，它就不再平凡，它就是南丰桥。

南丰桥位于汉南区东荆街南丰大队，长十来米，静卧在乡村公路上。经过这座桥，就可以看到一座高耸的纪念碑，纪念碑在田地里格外引人注目。

在这座桥的旁边，有一座千余平方米的纪念园，也叫“十一勇士墓”，里面高耸着刻有“抗洪献身勇士永垂不朽”字样的纪念碑，是为纪念在1958年的特大洪水中牺牲的11位勇士。

南丰桥

1958年7月，长江流域发生特大洪水，汉江杜家台分蓄洪区开始启用，通顺河河水暴涨，河堤漫溃10多处，3.6万亩农田被淹。7月23日午后，洪水冲断南丰桥，东城垸堤段溃口，洪水扑向垸内，在这千钧一发之际，时任南丰农场机务队长李华西和聂良臣、谢敬斋、钟华堂、欧阳万贵、陈光富、

十一勇士纪念碑

杨全、黄杰、陈士钊、张平录、马庆德等 11 位勇士，奋不顾身抢涉南丰桥，不幸被洪水吞没，为抢救国家财产，他们献出了宝贵的生命。

2011 年 3 月，“十一勇士墓”被武汉市人民政府公布为市级文物保护单位，后又成为武汉市爱国主义教育基地。

南丰桥后来也进行了改造，如今叫“南丰一桥”，这座纪念碑静静地守护着它，也守护着这片沃土，保佑汉南人民不再受灾难。

从南丰一桥往前行，还有一座桥，因同样地处南丰，也叫“南丰桥”，它是 1962 年修建的，当时东城垸农场结合自身水利建设需要，多方面筹措资金，自行设计、施工、建造了这座桥。该桥是汉南区境内唯一一座桥闸融为一体的桥梁，它位于东城垸农场的南部，处在东港渠口，横跨马影河（又名蚂蚁河），为单孔混凝土结构，长 25 米，宽 6 米。

（文 / 刘萍）

南丰桥位于汉南区东荆街南丰大队。

连通农场和城镇

——汉南湘口桥

香樟迎客，柳丝飘舞；竹影婆娑，河水东去。一座桥就坐落在这绿树清水之中，并将农场和城镇连接起来，这就是湘口桥。

湘口桥

湘口桥

湘口桥位于汉南农场湘口东北部，因地处湘口而得名，它横跨内荆河上，是湘一公路的起点。

1967年，汉南农场为连通各分场的陆路交通，利用修建电力排灌站的余料修建了湘口桥，湘口桥为单孔混凝土板桥，桥的栏杆为汉白玉色的花岗岩，上面雕刻有云龙纹图案。

湘口桥桥面为浆切块石结构的半永久性桥梁，桥长12米，宽6米，最大载重量约为15吨。

湘口桥也是汉南农场、一冶农场通往纱帽街和武汉市区的必经之路。

（文/刘萍）

湘口桥位于汉南区泰康路182号附近。

汉南最早的桥

——汉南幸福河桥

如果不是特意去看这座桥，它早就被掩盖在周边的高楼大厦和宽阔的马路下面了，它是汉南区境内最早修建的一座桥，叫幸福河桥。

幸福河桥

幸福河桥于1959年建成，位于汉洪公路上，因横跨幸福河而得名。桥为混凝土结构，建成时桥长14米、宽6米，是邓南人民公社通往纱帽山的主要桥梁之一，由邓南人民公社自行设计、自筹资金建造。

1998年4月，幸福河桥实施了改建。上部为空心板桥梁，下部为桩柱式墩台，基础为钻孔灌注桩，按摩擦桩设计，桩径1.2米，埋置深度26.5~35.4米，改建后桥长29米，宽16米，单孔净跨13米，总造价120万元，1999年6月建成通车。

作为汉南最早建设的桥梁，幸福河桥见证了汉南发生的翻天覆地的变化。如今这里工业园迅速崛起，高楼大厦林立，幸福河桥也成了周边难得的休闲处所和一处景观。

（文/刘萍）

幸福河桥位于汉南区纱帽街幸福村230号附近。

振翼欲扬飞欧陆

——汉南白马桥

当经过这座桥时，各种典型的欧洲元素让人感觉好像到了欧洲。的确，这里是“欧洲小镇”的一部分，这座桥就是绿地集团建造“欧洲小镇”的一个配套工

九口塘石桥

程——白马桥。

白马桥位于汉南绿地铂瑞酒店附近，始建于2012年，2014年落成，有“汉南最美的桥”之称，全长100多米，桥身由7个桥拱组成。桥的两端、两侧各有一个巨大的罗马式石柱，石柱上雕刻有欧式花纹，顶上的飞马振翼欲飞，生动逼真。桥的栏杆为鎏金铜材料，上有一组花环图案。桥上有做工精巧的金属路灯。这里是“欧洲小镇”的一景，魅力无穷。

在桥下河的两边，各有一处观景台，上面建有栏杆，既可以赏桥观景，又可以凭栏独思，这是一处于尘嚣中静听心声的好地方。

白马桥是汉南地区基础设施建设的一部分，它的开通使武汉经济技术开发区（汉南区）纱帽老城区与绿地欧洲城之间多了一条便捷的通行路径，也是马影河绿道“一河两岸”景观的亮点工程。

沧海桑田，方显英雄本色。如果站在马影河的白马桥上环顾四周，一定会为汉南纱帽的发展变化感到惊奇，有恍如隔世之感。

（文 / 刘萍）

白马桥位于汉南绿地铂瑞酒店（东荆街太白路99号）附近。

百年风雨依逍遥

——东西湖戴公桥

戴公桥位于东西湖区辛安渡农场西部，通云梦、孝感涧港。史料记载，此桥初为木桥，早湮。孝感县广阳乡尚文会（今属辛安渡农场）绅士戴华改建为石桥。“清咸丰八年孝感县诸生、尚文会戴廷兰等四人禀告知县文希范：‘缘云、孝大驿中隔涧港，不独人行病涉，亦且公务多阻。前任涂宪不忍徒涉之苦，转为公务之计，欲易木为石，工程浩大，非千金不可。’令曰：‘能有捐资建斯桥者，准免徭役。’时生祖戴华闻令鸠工庀材，培土凿石，作为洞桥。乾隆年间，有马姓退保役于戴姓，生祖戴利瑛、亨焕等先后具呈，复蒙傅宪给有碑文，准云、孝、川邑免一切徭役。”

涧港之上有座桥，原是戴公来建造。云梦孝感一路通，百年风雨依逍遥。如今，历经 160 多年的风雨洗礼，这座古桥依旧可以通行，成了一处惠民的历史记忆。

（文 / 陈红梅 ）

戴公桥位于东西湖区辛安渡农场西部。

第二篇

天堑变通途——长江上的桥

新中国成立前，长江天堑将武汉三镇分割，往来交通不便。新中国成立后，长江上的桥梁建设翻开了新篇章，天堑变通途。武汉的桥，以长江为脊，支撑起城市的时空。如今，在长江武汉段跨越天堑的大桥就有 11 座。武汉是修建跨长江大桥最多的城市之一，以武汉长江大桥为中心，分别有长江二桥、军山长江大桥、阳逻长江大桥、天兴洲长江大桥、白沙洲长江大桥、二七长江大桥、鹦鹉洲长江大桥、沌口长江大桥、杨泗港长江大桥、青山长江大桥，它们连通了武汉的一、二、三、四环线和外环线，将三镇有机地连为一体。同时，建桥的速度越来越快，技术越来越先进，多座桥梁和多项技术指标名列中国乃至世界的前列。武汉长江上的桥是中国南北交通的枢纽和中心，是武汉的脊梁和长江经济带的臂膀，同时又是“世界设计之都”重要的展示平台。

万里长江第一桥

——武汉长江大桥

长江，我国的第一大河。她发源于青藏高原，一泻千里，直奔东海，滔滔江水形成天堑，南北交通因此阻隔。华中地区最大的城市——武汉，更被滚滚长江与汤汤汉水分为三镇，南北交通动脉在这里被截断，给市民生活带来极大不便，在长江上建桥是人民最热切的愿望。

在近代，不少志士仁人就大桥建设提出过设想，进行过勘测，设计过方案，但这些努力最后都付诸东流。

被称为“中国铁路之父”的詹天佑，其实也是中国铁路桥梁、武汉长江大桥建设的先驱。京张铁路建成后，他继续参与了多座铁路桥梁的勘测、建设。1912年，詹天佑被民国政府聘为粤汉铁路会办兼总工程师，他带着全家人到武汉赴任，住在汉口俄租界俄哈街9号（今洞庭街65号）的一座两层楼房里。他在这里度过了生命中的最后7年。这7年，是詹天佑人生中最繁忙也最重要的阶段。他在这里主持修建了粤汉铁路武长段（武汉—长沙）、川汉铁路汉宜段（武汉—宜昌）以及粤汉铁路的专用码头——粤汉码头，并擘画了武汉长江大桥的建设。

在武汉建一座长江大桥的设想，最早由湖广总督张之洞提出，张之洞希望用长江大桥连通南北铁路。1906年，京汉铁路全线通车，而粤汉铁路也在修建当中，建桥跨越长江、汉水及连接京汉、粤汉两铁路的构思被各方关注。1913年，詹天佑即牵头开始设计长江大桥，还进行了实地选址测量。武汉长江大桥最早的

武汉长江大桥至今仍然是武汉人过江的交通要道（梁超　摄）

设计图也是由詹天佑组织绘制的。从现存的图纸来看，其设计的桥梁在蛇山与龟山之间，为一座铁桥，结构精巧、气势雄伟，桥上有火车路两条、电车路两条、马车路两条、人行路两条，桥两边是几何形状的拉索，具有很强的美感。

武汉长江大桥的图纸虽然设计出来了，但还有审核、验证等后续工作，至于具体修建，更是一项系统而庞大的工程，当时的政府是不可能完成的。不过，詹天佑组织的武汉长江大桥的勘测设计对后来武汉长江大桥的建设具有借鉴意义，新中国成立后建成的武汉长江大桥的桥址，就与当年詹天佑选中的地点比较接近。

1912 年 4 月 9 日，刚刚辞去中华民国临时大总统的孙中山先生来到武汉。他在这里一共待了 5 天，尽管每天的日程都排得很满，但他还是抽出时间参观了工厂和街市，并游览了黄鹤楼故址。登黄鹄山，上黄鹤楼（实为为纪念张之洞而建的奥略楼），三镇尽收眼底，大江奔腾东去，这如画风景、壮阔气势，使人襟怀宽广、浮想联翩。孙中山在楼上遥望、沉思，然后，他兴奋地与随行人员谈起了武汉三镇地位的重要性及其远大的发展前景，与大家交流发展武汉交通的想法。这次登楼远眺，对孙中山后来制定《建国方略》有相当大的影响。从他几年后完成的《建国方略》中可以看到，他对武汉的重要性有着相当清醒的认识，对武汉的未来寄予了厚望。他提出：“武汉者，指武昌、汉阳、汉口三市而言。此点实吾人沟通大洋计划之顶水点，中国本部铁路系统之中心，而中国最重要之商业中心也……至于铁路既经开发之日，则武汉将更形重要，确为世界最大都市中之一矣……”他还对武汉的发展作出了具体描绘：“在京汉铁路线，于长江边第一转弯处，应穿一隧道过江底，以联络两岸。更于汉水口以桥或隧道，联络武昌、汉口、汉阳三城为一市。至将来此市扩大，则更有数点，可以建桥，或穿隧道。”当然，这些设想，在他生前都没能够实现。

民国时期，还有一位杰出的桥梁工程师将毕生的心血都倾注在长江大桥的建设上，他就是李文骥。16 岁赴广州，开始了新旧学兼功的求学之路。

李文骥

李文骥 1886 年出生于广东番禺一个贫寒的读书人家庭，自幼接受传统教育。19 岁时考取京师大学堂预科，潜心学问，得以精通英文、德文，毕业后被授以奉天省知县之职。他不愿为官，而是继续求学，入京师大学堂工科土木门。1911 年辛亥首义爆发，学校停课，第二年复课，学校就改名国立北京大学。李文骥于 1913 年毕业，成为中国最早的土木工程专业人才。

1913 年，德籍乔治·米勒（George Muller）教授带领北京大学土木门的 13 名毕业生赴汉口勘测建造长江大桥，并据此提出了桥址线和桥式方案，将大桥作为辛亥革命的献礼。毕业生中就有李文骥。师生得到了鄂督黎元洪和汉粤川铁路督办詹天佑的接见，并获支持，但因北洋政府政局混乱而未成功。

1928 年，南京国民政府铁道部聘请美国著名桥梁专家华特尔为工程顾问，实施“武汉扬子江大铁桥计划”。由于李文骥熟悉勘测规划工作，遂受命协助华特尔的工作。1930 年春，由于工作难度大，且中国的形势发生变化，华特尔回国。但李文骥没有放弃，在长江暴发洪水期间，在极度缺乏材料、机具的情况下，完成了初钻任务。1932 年底，他拟定了《武汉跨江铁桥计划》，详细阐述了桥梁位置的选择、建设的计划及预算、江底钻探的情况、经费筹措的办法等。后来建设武汉长江大桥时，有许多方面与此计划相吻合。《武汉跨江铁桥计划》虽好，但在当时的条件下是不可能付诸实施的，因此被束之高阁。新中国成立之初，李文骥即提笔写了《筹建武汉纪念桥建议书》，并与茅以升等人联名上报中央。

茅以升是另一位为武汉长江大桥建设作出很大贡献的专家，武汉长江大桥的建设是他后半生最关注、最投入的事业。

茅以升（右四）与顾问委员会委员们在大桥上

茅以升在修建钱塘江大桥时，即开始筹划武汉长江大桥的建设。1936 年他派遣工程师梅旸春前往武汉，进行武汉长江大桥设计的前期工作。因全面抗战爆发及武汉沦陷，这一工作无法进行。抗战胜利后的 1946 年 8 月 25 日，当时的湖北省政府召开了修建武汉大铁桥筹备会，出席者有省政府主席万耀煌、省建设厅厅长谭岳泉、平汉铁路局局长夏光宇、粤汉铁路局局长杜镇远以及茅以升等人。会上，众人决定成立武汉大桥筹建委员会，确定了委员、常务委员人选，并任命茅以升为技术委员会主任委员兼总工程师。

1946 年的建桥计划后来无法实现，人民的希望成了泡影。新中国成立后，茅以升等人立即向中央提出了修建武汉长江大桥的建议。中央在决定修建武汉长江大桥后，专门成立了武汉长江大桥技术顾问委员会，作为大桥的技术咨询机构。委员涵盖了铁路、公路、桥梁、建筑、力学、水利、地质等各方面的专家，包括茅以升、罗英、周凤九、嵇铨、蔡方荫、余炽昌、黄文熙、陶述曾、王度、鲍鼎、李学海、汪季琦、李温平、刘恢先、金涛、张维、陈士骅、梁思成、李国豪、俞调梅、王竹亭、顾宜孙、钱令希、赵祖康、杨宽麟、谷德振、华南圭等 27 人，茅以升为主任委员。在其后的大桥建设中，顾问委员会积极参与。大桥工程局向顾问委员会先后提出了 14 个重要技术问题，经委员会讨论，都得到了良好的解决，保证了工程的质量。

新中国的成立，使“在长江上修桥”的梦想变成了现实。

开国大典的礼炮响了。新中国的开国元勋们立即把目光投向了那满目疮痍的大地，放眼四面江山，牵挂万家忧乐。武汉长江大桥的建设被提上了议事日程。

从踏勘桥址到基本建成，毛泽东主席就曾经三次亲临武汉长江大桥的建设工地视察。

1953 年 2 月 18 日，毛泽东兴致勃勃地登上武昌蛇山，看大江东去、龟蛇对峙，想到不久这里将会一桥飞架，他十分兴奋，也对桥址选择的结果表示满意。

在大桥正式开始建设后，毛泽东又两次来到建设工地，听取建设情况汇报，看望干部职工。他曾写下了《水调歌头·游泳》一词，词中“一桥飞架南北，天堑变通途”的雄浑词句，给予建设者巨大鼓舞。

1953 年，周总理批准成立了专门从事武汉长江大桥建设的武汉大桥工程局，这就是如今享誉国内外的中国中铁大桥局的前身。

在战场上，将士们曾用骨肉碰钝锋刃；在工地上，建设者将以心血浇筑丰碑。彭敏，这位志愿军铁道兵副司令员受命担任工程局局长，他带着满身的征尘和尚未愈合的伤口赶到了江城。时任武汉市委书记的王任重兼任武汉大桥工程局党委书记，一批军功赫赫的战将成为这支建设大军的管理者，一批国内知名的桥梁专家如汪菊潜、梅旸春等担当起技术重任，茅以升、梁思成、李国豪等杰出科学家

毛泽东在群众的簇拥之下缓缓而行（吕厚民 摄）

出任技术顾问，全国各地的优秀技术工人汇聚建桥工地。这真是“集全国优秀人才，建长江第一大桥”。

以西林为组长、28 名专家组成的苏联专家组应聘来汉协助大桥建设。他们来自遥远的伏尔加河畔、高加索山麓，无私地奉献出自己的聪明才智。他们在这里勤奋工作的情景，他们与中国建桥者结下的深厚友谊，永远留在人们的记忆中。

经过几年的筹备，广大干部和技术人员对各种方案进行认真研究、对比，确定了桥梁净空、桥式、桥址线等，并得到政务院批准。大桥建设正式拉开序幕。

1954 年 2 月 6 日，《人民日报》发表社论《努力修好武汉长江大桥》。它是进军号角，也是化雨春风，体现出党中央对国计民生的关心，体现出人民群众支援建桥的激情，体现出建桥者让天堑变通途的热忱和意志。

根据设计，大桥为公铁两用桥，全长 1670 米，正桥有 8 个水中墩，基础施工是大桥建设遇到的最大难关。因为水太深，不宜采用传统的气压沉箱基础，西林等专家创造性地提出采用大型管柱结构基础。具体来说，就是将直径 1.55 米

管柱钻孔施工场景

的空心管柱打入河床岩面上，并在岩面上钻孔，在孔内灌注混凝土，使其与岩石牢固凝结，然后再在上面修筑承台及墩身。这种方法不仅可以解决气压沉箱法存在的问题，而且可将水下作业全部移到水上进行机械化施工，从而减轻劳动强度、保障工人健康、节约造价，大大提高工作效率。这一创议得到中国政府、中国广大技术人员和工人的支持。这种基础施工法经中苏技术人员共同研究、科学实验后获得成功，并在施工中采用。这种方法在世界上是首创，使水中墩得以全面施工，并大大缩减了工期。

正桥钢梁为 3 联平弦等跨连续铆接钢桁梁，每梁 3 孔，每孔跨长 128 米，由于采用标准化、工厂化制造工艺，钢梁可用伸臂法从两岸相向架设。

作为新中国的经典建筑，武汉长江大桥不仅以其现代化技术解决了国家巨大的经济难题，还以其壮丽的外观展现出了中国新时代的新气象。该桥的美术方案是向全国征集的，周恩来总理主持了最后的评选，确定了唐寰澄先生设计的第 26 号方案。

走近这座伟大的建筑，可以发现从外观到内构、从主桥到引桥、从钢梁到桥台，乃至它的栏杆、灯柱、窗棂、壁饰、雕塑、穹顶等无不体现出它的雄阔、它的美感。它是开先河之举，也是集大成之作。它是千千万万人劳动的成果，也是千千万万人智慧的结晶。

从桥头堡进去，进门处是 3 扇圆拱式的钢门，两侧是长形的钢卷窗，约高 14 米，相当于 4 层楼那么高，采用的是中国古代窗棂中菱花格扇格嵌花，格与格之间的朵朵嵌花均为铜制，熠熠生辉，灿烂夺目。窗底采用莲瓣托出的阳台，既高雅又实用，可供游人登楼歇息、眺望江景。

两岸桥头堡进去后，均是一宽敞大厅，面对大门的是一个壁龛，壁龛内各是

唐寰澄与他的26号设计方案

一尊雕塑，高5米，塑的是建桥技术人员和工人进行基础施工及高空作业拼铆钢梁的场面。塑像形象生动，再现了桥梁建设的主要场景，具有典型性，也很有纪念意义。大厅四周的护壁，是以东北出产的暗红色大理石镶嵌的，墙壁和藻井则用当时新出产的敷有可赛银的石膏粉底来装饰。大厅的地面，用广东出产的缸砖铺就。这种缸砖，有深红、橙黄两色，既坚固耐磨，又朴素大方。大厅内还布置了2盏硕大的吊灯，每盏吊灯分上下两层，上层6盏小灯，下层8盏小灯，显得华贵而庄严。大厅的护壁上则是12盏壁灯，壁灯为火炬形，皆为铜制，与吊灯互相呼应。桥头堡的第二层为回廊，间壁装有长江大桥施工的图片，展示出大桥艰难而恢宏的施工场景。第三层为展览厅，这里的护壁采用的是翠绿色的大理石，显得淡雅而宁静。厅内悬挂有大桥的全景油画及各种照片，并摆设有各种跨线桥模型。第四层可以通向阳台，也可以通向铁路桥桥面。第六层为川厅，里面陈设着中国古代的几座具有代表性的桥梁的模型。看到这些模型，既可以了解中国古代劳动人民的聪明智慧和创造才能，又可以窥见中国桥梁建设事业的发展轨迹。第八层是桥亭，也就是公路桥的桥面，离地已有35米。站在桥面上，视野开阔，八面来风，长江、汉水蜿蜒逶迤，武汉三镇尽收眼底。

铁路桥面和公路桥面及其路灯、栏杆也都是经过精心设计的。铁路桥面两侧

武汉长江大桥公路桥面的精美铸铁嵌花栏杆

设有高达 2 米的防护钢丝网，人行道外是坚固且式样大方的铸铁栏杆，每隔 16 米设置一盏花式壁灯。公路桥面设置了两排造型轻巧雅致的圆形混凝土灯柱，与整个桥梁结构十分协调。公路桥面的栏杆堪称杰作，栏杆为铸铁嵌花栏杆，花板上有各种花鸟图案，如“喜鹊登枝”“鱼戏莲荷”“松鼠葡萄”“鹿与梅花”等，既具有传统的喜庆色彩，又象征着“百花齐放，百家争鸣”的时代。

连接两岸桥头堡的是连拱式的引桥，桥头堡的基座与引桥桥墩的基座均系大块花岗石镶砌，基座以上为粉刷假石，十分协调。为了使公路桥面缓慢降低高度以与市区道路衔接，同时节约大量土石方工程量和建筑材料，引桥利用龟蛇两山作为天然基础，依山乘势，美观而自然。

1957 年 10 月 15 日，武汉长江大桥提前建成通车。绝美的风景多在奇险的山川，欣慰的笑容常因崇高的事业。这一天，建桥者在欢笑，武汉人民在欢笑，中华民族在欢笑！建桥者不仅跨过了长江，也跨过了几千年的岁月沧桑。那天，《人民日报》在头版头条发了社论《伟大的理想实现了》。《长江日报》那天的版面也是充满喜气，几只喜鹊或衔着“庆祝长江大桥落成通车”的大红横幅，或衔着菊花翩翩起舞。说到菊花，也有一个小故事。在当天的通车典礼上，蓊郁菊花摆满台，冲天香阵透江城。可是，按武汉的节气，菊花得在一个月以后才会盛开呢。原来，这些菊花是园艺工人为了这个日子特意精心培育出来的。正如《长江日报》在这天的社论中所说："几个月来，武汉长江大桥的建成和通车，成了全国人民尤其是湖北省和武汉市人民舆论的中心。人们以这座大桥的建成和通车而自豪，分享着胜利的幸福和欢乐。"有人说，通车这一天，就好比过节一样，其实，哪一个节日有这么隆重、这么迷人？

武汉长江大桥通车时的情景

通车典礼是在上午 10 点开始的。在庄严的国歌奏响后，一阵爆竹声中，飞机从空中掠过，撒下了五颜六色的传单。一个个巨大的气球携带着"庆祝武汉长江大桥胜利提前建成""武汉长江大桥的建成是工人阶级力量的胜利"等巨幅标语缓缓升起。在李富春副总理和部、省、市领导及大桥局局长彭敏、专家组组长西林分别讲话后，列车由汉阳岸缓缓驶进大桥，观礼的人们纷纷将手中的花朵抛向车厢，而车上的首批旅客也都探出头来，挥手致意。半个小时后，李富春又来到武昌岸桥面为公路通车剪彩。这儿更是欢乐的海洋。天空中升起了无数的彩球，三辆解放牌卡车满载着"祖国的花朵"——少先队员开道前行，象征着祖国的未来充满希望。后面是几百辆大小汽车组成的车队。在那汽车还不是很多的年代，同时出现这么多的轿车、客车、卡车，也是蔚为大观。车队后面是 12 条龙灯、10 头狮灯、10 只采莲船，它们舞动着、腾跃着、扭动着，一路锣鼓喧天。数万观礼的群众跟在它们的后面，一路欢歌笑语。听那声音，大多是在高喊："我们走过了长江！"

大桥建成 60 多年了，它所产生的经济效益和社会效益是无法估量的。通车仅 5 年，省下的货运费即超过了整个工程的造价。直至现在，它仍承担着繁重的运输任务。它作为时代的坐标、城市的象征而受到重视，前来参观过的外国领导人有 100 多位，许多游客都会在这儿留影，不少父母给婴儿起名"一桥""汉桥"，也有商品以"大桥"作为商标。

傍晚时分的武汉长江大桥，被落日余晖浸染，城市高楼披上了一层金黄的纱，汉江江面亦闪烁着着夕阳金黄的余晖，十分美丽（任勇　摄）

大桥的建成，为中国培育了中国中铁大桥局这支集科研、勘设、施工、机械设备研制四位于一体的建桥国家队，60多年来，它以浓墨重彩写下了中国桥梁史上最艰难也是最灿烂的篇章。

那个激情燃烧的岁月、那个英雄辈出的年代虽已过去，但大桥建设者们奋发图强的精神仍在！征服困难的勇气永存！有关武汉长江大桥的故事，化为口碑，载入诗文，久久流传。

2009年武汉长江大桥入选新中国成立60周年“百项经典暨精品工程”，2013年5月3日成为第七批全国重点文物保护单位，2016年9月入选“首批中国20世纪建筑遗产名录”。

时间已经过去60多年，武汉长江大桥并没有因为时间的久远而失去光彩。登上龟蛇之巅，极目远眺，大江东去，百舸争流，一座巍峨秀丽之桥凌空飞架，

一股雄浑壮阔之气夺人心魄。古朴典雅的桥台似琼楼玉宇屹立两端，笔直轻捷的桥身似长龙卧波气势如虹，托起黄鹤楼，撑起电视塔，牵起晴川阁，挽起古琴台，与周边的山光水色、亭台舫榭、高楼大厦交相辉映，融为一体。它是一部传奇、一首诗歌、一曲乐章，永远在向世人讲述、吟咏、弹唱。那位于武昌桥头象征管柱钻孔的纪念碑，像一个巨大的感叹号，在为建设者的业绩而惊讶；又像一个巨大的问号，在询问着一代又一代的中国人，怎样才能造福天下、无愧人生！

（文／余启新）

武汉长江大桥横跨汉阳龟山与武昌蛇山之间的江面，南距上游鹦鹉洲长江大桥约 2 千米。

百万市民看二桥

——武汉长江二桥

武汉长江大桥建成后，“万里长江第一桥”的称谓名闻遐迩。这个“一”，既表示时间上的最先，亦表示空间上的唯一。这个“一”确实令武汉人骄傲。囿于时代的原因，武汉人在这个“一”中陶醉了不短的时间。大桥建成后，迎来了“大跃进”高潮，接着而来的是以“阶级斗争为纲”的各项运动，随之是十年“文革”，国家经济处于崩溃的边缘，到处停工停产，铁路、公路运输大受影响。

改革开放之后，党和国家的工作重点已经转移到经济建设上来，生产持续发展，市场逐渐繁荣，生活不断改善，这一切的明显标志是运输量的增加、车辆的增多、交通的繁忙。于是，密、拥、抢、慢、堵、等成为“一桥”的显著特征。20 世纪 80 年代，武汉长江大桥的日通行车辆数就达到设计通行量的 2 倍，这还不算那成倍增加的自行车、板车和行人。两岸三镇为了疏导堵塞的交通，都对街道进行了拓宽，然而这一来，车流量更大了，“一桥”的压力也更大了。

其实武汉市早在 1959 年制作城市总体规划时，已经将兴建长江二桥纳入规划。1976 年 4 月，曾经设计过武汉长江大桥、南京长江大桥的铁道部大桥局勘测设计院前往汉口黄浦路至武昌徐东路之间的江段进行草勘工作。经过地质钻探，查明此条线覆盖层以砂为主，厚度 20~30 米，以下为砾岩，岩面平坦，岩层单一，地质构造方面未发现问题，适合建桥。1979 年，武汉市城市规划管理局编制出新的《武汉市城市总体规划》，同 20 年前的规划一样，明确提出了建设长江二

武汉长江二桥（李永刚　摄）

拥堵的武汉长江大桥

桥的意见，同时将此规划呈报国务院审批，并获得了同意。

既然是早就列入了规划，为何武汉江面的第二座大桥直到1991年才正式开始建设呢？这中间隔了30多年呀！

细究其原因，除了时机的问题，还有一个能力的问题。这个能力是综合性的，包括人力、财力、物力、技术等。武汉长江大桥当时的建设成本是7189万元，这在其后的20世纪90年代当然不是一个很大的数目，但如果加上配套的线路及桥梁成本、拆迁的费用、无数义务人工费用、专家咨询费用、全国多个单位无偿援助的费用，再乘上物价上涨的指数，就是一个相当惊人的数字了！更重要的是，武汉建桥主要得靠自己去筹措资金。

从某种意义上说，第一座大桥与第二座大桥的间隔时间，就是等待时机和提高能力的时间。

1984年5月，发生了一件对武汉发展相当重要的事情：中共中央、国务院批准武汉市在全国省会城市中率先进行经济体制综合改革试点，同时实行计划全面单列，要求武汉充分发挥经济地理优势和工业基地综合生产力，切实提高经济效益，把武汉建成工业、交通、金融、文教、信息等具有多种功能的中心城市，逐步形成以武汉为中心的开放型经济区和经济网络。在交通运输方面，则要充分发挥武汉作为内陆通海港口城市的优势，做到人便于行、货畅其流。时任武汉市市长的吴官正为此举行记者招待会，发布了这一消息，同时表明了市政府的决心和执行文件精神的措施，其要点就是搞活企业、敞开城门、搞活“两通”。“两通”就是流通和交通，前提是“交通”这“一通”，一通百通。

修建武汉长江二桥的必要性和紧迫性，从来没有那么突出！

回顾这座桥梁的建设过程，是多么繁复、多么曲折、多么漫长！若从1959

年将建设武汉长江二桥列入城市总体规划算起，已有近 30 年，该进入实质性阶段了吧？但实际上还有好长一段路要走呢：委托勘设单位编制可行性研究报告；向国家计委报送武汉长江二桥计划任务书；获准列入国家计划后召开可行性研究报告的论证会，除了邀请武汉市的专家学者进行一次论证外，还需邀请国务院有关部委及 8 个省、市的 30 多位各方面的专家进行第二次论证；得到肯定的意见后，再向国家计委报送申请建桥的报告；计委同意后，还得对项目的可行性再次进行论证，重点是落实资金来源、筹措办法、偿还国外贷款的能力等。此后又是一次又一次的研究、探讨、设计、论证、申报、汇报……毕竟这是关系国计民生的大项目，是关系国家和城市荣誉的大工程，是关系无数人民生命安全的大建筑，来不得半点的草率、半点的马虎。终于，设计任务书得到了批复，工程规模、标准、投资及资金筹措方式等都得到同意。武汉长江二桥开始建设了。桥梁本身建设的费用、拆迁还建的费用、贷款所付的利息、工程进行中不断追加的费用，加起来有 10 个多亿呀。（建成通车时实际费用已经不止这个数，总投资达 14.5 亿了。）这么大数额的资金，除了交通部补助及贷款 7000 万元外，全靠武汉市自筹！

武汉长江二桥位于武汉长江大桥下游 6.8 千米处汉口黄浦路至武昌徐东路之间，其工程范围北岸自汉口解放大道立交桥第三层直通高架桥在黄浦路接地起，以半苜蓿叶形三层全互通立交桥跨越解放大道、京广铁路旧线，在中山大道东口接北引桥，跨沿江大道至江堤接正桥，跨越长江至武昌岸江堤接南引桥，跨临江大道、武昌火车北站站区后，再跨六股专用铁路线至四美塘，在引桥上下游接单向两车道的翼道桥，引桥跨过和平大道后在徐东路接地，至武昌武青三干道立交桥南端落地，长达 4687.73 米。正桥全长 1876 米，自北向南由一联 7×60 米预应力混凝土连续梁、一联 83 米 +130 米 +130 米预应力混凝土连续刚构、一联 180 米 +400 米 +180 米自锚式悬浮体系预应力混凝土斜拉桥及一联 130 米 +130 米 +83 米预应力连续刚构组成。正桥有 17 个桥墩，斜拉桥两个主塔墩的塔柱高 124 米，主梁宽度达 29.4 米。

设计和建造这样的桥梁是需要胆识和能力的。

斜拉桥是用斜拉索或斜拉杆悬吊桥面的桥梁。斜拉桥的历史可追溯至古代，

武汉长江二桥的主塔墩施工和斜拉桥主梁安装

那种用藤萝、竹片做承重索的吊桥就是它的雏形。18 世纪下半叶至 19 世纪初，法国、德国、英国等国都曾修建过一些用铁链或钢拉杆建成的斜拉桥，可是由于对桥梁结构的力学理论缺乏认识，拉索材料的强度亦不够，致使塌桥事故时有发生，因而在相当长一段时间内这一桥型销声匿迹了。直至现代，由于桥梁力学理论、计算机技术、材料科学、施工手段、建筑机械的发展，人们对于斜拉桥所具有的优越性有了进一步的认识：斜拉桥由斜拉索、塔柱和主梁组成，用高强度钢材制成的斜拉索将主梁多点吊起，并将主梁的恒载和活载传至塔柱，再通过塔柱传至地基，使跨度较大的主梁能够像多点弹性支承的连续梁一样工作，且尺寸缩小，自重减轻，达到了节省材料、增大跨度的目的。斜拉桥于 20 世纪 70 年代传入中国，改革开放以后，斜拉桥获得了较大的发展，成为大跨径桥梁的首选桥型。

早在对武汉长江二桥的可行性报告进行论证时，专家们在指出该桥的建设非常必要、刻不容缓，也对未来的桥梁建设提出了明确的希望：不仅要实用、经济、美观、先进，而且也要立足于国内，研究出与 20 世纪 50 年代不同风格、不同技术水平的桥型，以体现出时代风格，努力反映当代的建桥水平。这就将设计者“逼”向了当今世界桥梁技术的前沿。

从桥梁的实际需要来看，它是为解决 38 年来武汉三镇一线牵、交通不堪重负的问题而修建的，必须有相当的承载能力和运输能力才能完成这一任务。桥梁地处航运繁忙的港作区，水深流急，为最大限度地满足长江航运发展和改善航运条件，必须采用主跨较大的桥梁，且两侧需布置有相当跨度的桥孔，以较好地解决施工与航运的关系。这些也促使桥梁的设计必须向当今世界最先进的桥梁看齐。

桥梁的设计者们实现了这一目标。

武汉长江二桥是长江上建造的第一座特大型钢筋混凝土斜拉桥。作为双塔双索面预应力钢筋混凝土斜拉桥，与世界上同时在建的 6 座同类桥梁相比，其 400 米的主跨仅次于主跨 530 米的挪威斯坎桑德桥与主跨 440 米的西班牙卢纳巴里奥斯桥。但是，斯坎桑德桥的两个边跨均为 170 米，比武汉长江二桥窄 10 米，而且桥宽仅 13 米，不足武汉长江二桥的一半；卢纳巴里奥斯桥的边跨与桥宽也均不及武汉长江二桥。此外，这两座桥的主塔墩均在岸上，技术难度及施工难度与主塔墩立于水深流急的江心的武汉长江二桥不可同日而语。武汉长江二桥的建筑规模（主梁宽度 29.4 米，6 车道，主梁建筑面积 22638 平方米）居当时世界同类型桥梁第二位，仅逊于美国的达姆角（Dame Point）桥（主梁宽度 32.3 米，6 车道，主梁建筑面积 25580 平方米）。

承担此桥勘测任务的铁道部大桥局勘测设计院设计组是一个由 60 多人组成的老、中、青结合的团队。他们中有参加过武汉长江大桥、南京长江大桥设计的年近古稀的老专家，有年近花甲同时还负责着几十座桥梁设计任务的资深学者，有 50 岁左右经验丰富的高级工程师，但更多的是二三十岁毕业不久的研究生、本科生。要完成这么一座桥梁的设计任务，让理想、设想、理论、资料、数据变为可以付诸实施的蓝图，绝不是信笔涂鸦就可以如愿的，这是万千心血的结晶，这是漫长思绪的征程。现在，当初的那些年轻的设计者，有的成了中国工程院院士，有的成了中国工程设计大师，有的成了桥梁界知名的专家。

担负桥梁施工任务的是铁道部大桥工程局，第一工程处在南岸施工，第三工程处在北岸施工。该桥最艰难的基础工程是人们在江上看不到的，特别是那些钻孔桩。这些钻孔桩最大的直径达 2.5 米，桩长达 70 米，插入河床砾岩层 27 米。在这片砾岩地区，大大小小的卵石胶着黏结在一起，软硬不均，大的卵石直径达 0.5 米，相当于高强度的水泥，钻头一碰上，不是被打断就是被磨秃。那根工艺试桩钻孔竟花去了 100 多天，价值数十万元的合金钻头上的滚刀竟损坏了 30 个。于是，

武汉长江二桥的基础施工

从指挥长到总工程师到工人，立即协同攻关，更换钻机，改革钻头，革新工艺，解决了遇到的难题。然而，新的问题又出现了。在砾岩中钻孔，钻机震动大，钻杆容易扭断，钻头频繁掉落孔底，潜水员们只得下潜到几十米深的孔中去打捞钻头。孔中泥浆比重大，不易下沉，孔径只有 1.4 米，身穿 80 公斤重潜水衣的潜水员只能直着身子下沉，而且需下潜到水下数十米深处，将钻头寻到、系好、绑牢，使之顺利起吊上来。就这样，2000 多名建设者克服了诸多困难，在 1000 多个日夜里，让 208 根钻孔桩如“定海神针”一般直插“龙宫”，托起了桥墩。

武汉长江二桥最醒目的构造自然是那一对直插云天的主塔墩。它们高出水面 110 米，若从基础桩最深处算起，则近 200 米，巍巍哉！然而，这主塔墩并不是起观赏作用的，而是要挑起重担的。这一对主墩承受的是通过那 392 根缆索传来的 20 万吨以上的荷载！当然，荷载只是最基本的要求，主塔墩还要担负起全桥抵御大风、洪水、地震的重任。所以，双塔要合格，基础要牢固，上部也不能含糊。这是一场高技术含量的战斗，专家们将向空中延伸的承台、墩身、塔柱称为高技术密集区。两座主墩的混凝土用量是 32000 立方米，而且各个部位对混凝土的要求不相同，需要取得最佳的配合比。经过上百次试验，才得到了凝固性、耐久性、密实性良好的混凝土。进入泵送混凝土施工后，对混凝土的要求更高，技术人员又做了一百多种配合比试验，研制出合乎要求的高质量混凝土。建设如此高的塔柱，必须有精确的测量和控制，必须有相应的设备和工艺，由此诞生了控制调试、高强度泵送混凝土、钢筋冷压接头、水中高空转向斜爬模等技术，而且都获得了不同级别的科技进步奖。

主塔墩耸立起来后，接下来就是主梁的安装了。武汉长江二桥技术之复杂、施工之艰难，集中体现在斜拉桥主梁的安装中。像这种大跨度混凝土斜拉桥主梁的安装，一般可采用节段预制悬臂拼装法、顶推法、膺架现浇法、悬臂浇注法等。武汉长江二桥因处于繁忙的武汉港作业区，不允许在航道上停泊大型船组进行水上悬拼作业，如果用悬臂拼装法安装，则需要大吨位的起重机械和规模庞大的混凝土预制场地，因此最后决定采用悬臂浇注法。原设计采用国际通用的 4 米挂篮浇筑，每 8 米标准节段分两次悬浇。但是，武汉市政府提出提前一年贯通全桥的目标，如按原计划施工，需 18 个月才能完成主梁的安装，全桥通车要到 1996 年。大桥局果断决定，改用 8 米挂篮一个标准节段一次悬浇完成。当时，国际上用于混凝土斜拉桥施工的最大挂篮，是日本衡厚大桥采用的 7 米牵索挂篮，而该桥比武汉长江二桥窄得多。几位教授级高级工程师挂帅，日夜攻关，设计制造出了 8 米挂篮，而且比已有的挂篮更加合理、简洁、灵活。为了省掉桥身无法支撑的挂篮长尾，他们创造性地提出改变普通挂篮的受力结构，采用前吊杆、后吊杆、牵索及三脚架共同受力的结构。这是世界桥梁史的首创。挂篮投入使用后，施工人员很快熟练地掌握了使用方法，同时不断总结经验，完善施工工艺，施工效率稳步提高，乃至创造了一个节段仅用 7 天 5 小时 45 分的世界纪录。

武汉市百万市民看大桥（杨石修 摄）

1995 年 4 月 13 日 1 时 45 分，大雨如注，可是武汉长江二桥主梁的施工现场灯火通明，鏖战 4 个春秋，终于盼来了桥梁合龙这激动人心的时刻！

常言说：“外行看热闹，内行看门道。”此桥建设时，全国桥梁学术会议正在武汉召开，中国桥梁界的权威、年过古稀的李国豪教授兴致勃勃地登上主塔墩的围堰，面对宏大的建设场面，大发感慨：“我平生见过那么多大桥，没有一座有如此巨大的基础。在中国，要看桥梁工程的门道，就一定得到这里来看！”

1995 年 6 月 18 日，武汉长江二桥的通车典礼隆重举行。当天，天高云淡，风和日丽，红旗招展，彩球悬空。李先念题写的桥名镌刻成红色的大字在阳光下格外耀眼。大桥的两头全是观礼的人群和等候着参加仪式的彩车。专程前来参加仪式的国务委员、国务院秘书长罗干在湖北省、武汉市领导的陪同下登上了桥面。上午 9 时整，典礼开始。市长赵宝江主持了仪式。他首先宣读了中共中央政治局常委、中央军委副主席刘华清和国家副主席荣毅仁的题词。刘华清的题词是：“二桥生辉，黄鹤奋飞。”这位出生于湖北红安、13 岁加入共青团、15 岁参加红军的上将，眼见又一座大桥飞架于长江之上，按捺不住兴奋的心情，祝贺家乡插上了腾飞的翅膀。荣毅仁的题词是：“架起经济腾飞的桥梁，矗立改革开放的丰碑。”这位曾是世界知名企业家的国家领导人，谙熟交通在经济中的地位和作用，对这座将会促使经济发展的大桥给予了极高的评价。罗干代表党中央和国务院对武汉长江二桥的通车表示热烈祝贺，向建设者们表示亲切慰问。最引人注目的是通车仪式的剪彩，这次执剪的不是领导人，而是10名建设功臣，他们中有武汉市建桥办的负责人王建雄，有大桥的设计负责人之一、大桥局勘设院副总工程师叶启洪，有施工单位负责人、大桥局武汉长江二桥指挥部总工程师刘长元，有全国五一劳动奖章获得者、大桥局一处高级工程师刘钧岩……对于那群为这座桥付出了太多太多的建设者，这也许是最高的奖赏和最大的安慰。

接着，数千只鸽子展翅而飞，无数气球腾空而起，欢乐的锣鼓喧阗震天，横江的百舸汽笛长鸣，一辆接一辆的彩车驶了过来……

通车的盛典自然是隆重的、令人难忘的，然而武汉市民津津乐道的是通车典礼举行前的6月9日至11日这三天。由于广大武汉市民急切地盼望着大桥建成，急切地想一睹大桥的雄姿，急切想从另一条通途“走”过长江，所以市政府决定，武汉长江二桥在那几日对市民开放，市民可以上桥参观。成千上万的武汉市民从武汉三镇赶来，全长3200多米、宽26米的长桥，挤满了参观者，而且市民还在不断地涌来……

（文/余启新）

武汉长江二桥位于武汉长江大桥下游6.8千米处，连接汉口黄浦路与武昌徐东大街。

目送鸿雁飞斜阳

——白沙洲长江大桥

万里长江，浩浩荡荡，流淌到位于江汉平原的大武汉后，自然形成了两个沙洲：一个是白沙洲，一个是天兴洲。流经武汉的长江有多长？正好一个洲头、一个洲尾就囊括了长江武汉段的距离。过去乘船看到了白沙洲，就意味着到了武汉，因此在历史上有“白沙洲，汉之首”的说法。

相较于武汉东部长江主航道的天兴洲（26平方千米），白沙洲显得很小。“芳草萋萋鹦鹉洲”可谓是绝唱，但千年前的鹦鹉洲已被江水冲得无影无踪，倒是在原鹦鹉洲的稍下游偏南一侧形成了另一个沙洲，因沙质洁白，而被人们随口称为“白沙洲”。

有洲的江段常常就是建桥的好地方，白沙洲也不例外。白沙洲长江大桥就是武汉市建在白沙洲上的第三座长江大桥。

白沙洲长江大桥位于武汉长江大桥上游8.6千米处，南岸在原洪山区青菱乡长江村（今张家湾街道长江社区）与107国道正交，连通武金堤立交桥和青菱立交桥；北岸在原汉阳区江堤乡老关村（今江堤街道老关社区）与318国道连通，可通达汉阳客运站。

白沙洲长江大桥于1997年3月动工建设，2000年9月建成通车。大桥全长3586.38米，投资11亿元，主桥为双塔双索面栓焊结构钢箱梁与预应力混凝土箱梁组合的斜拉桥，跨径为50米+180米+618米+180米+50米，全宽30.2米，

白沙洲长江大桥（杜俊军、吴迪、杨琳　摄）

桥面净宽 26.5 米 。大桥为钢桥面，桥面设 6 条机动车道，车行道宽 22 米，中央分隔带宽 1.5 米，路缘带宽度共 1 米，两侧各设宽 0.75 米检修道，检修道与机动车道间设置 0.25 米的防护栏。A 型主塔高 175 米，采用高强平行钢丝斜拉索。大桥设计时速为 80 千米，日通车能力为 5 万辆，分流过江车辆 29%，主要分流外地过汉车辆。

白沙洲大桥主桥跨径为618米，在当时为世界第三大双塔双索面斜拉桥。大桥的施工关键是斜拉索的挂设与张拉，施工中直接利用单点起吊与塔内卷扬机牵引，即先塔上挂索而后梁端软牵引。这种工艺不仅提高了斜拉索的牵引效率，还变高空作业为桥面上的平面作业，大大增强了操作的安全性，该工艺成功地对国内最长的斜拉索进行挂设、张拉，使主桥工期大为缩短，为大跨斜拉桥积累了施工经验。

白沙洲长江大桥是武汉88千米中环线上的重要跨江工程。它的建成，使107、316、318等国道由“瓶颈”变“通途”，也是打通武汉中环的两座桥梁之一。

历史上，白沙洲就是交通要地，还曾是著名的码头。15世纪80年代时白沙洲就已存在，自古以来就是商贾云集之地，明清时期的“东南都会”，晚清张之洞兴办实业的“试验田”、20世纪初的“八铺街”，以及民俗语——“金沙洲，白沙洲，鲈鱼套里金银窝”，无不显示出白沙洲曾经的辉煌。武汉的一大特色文化是“码头文化”，白沙洲就是武汉码头文化的发源地之一，白沙洲码头曾与著名的粤汉码头比肩，当年盛况超过司门口。现在白沙洲长江南岸，依然可以看到遗存的红砂石护堤和部分码头围墙。

进入21世纪，随着白沙洲长江大桥的通车，这里也发生了翻天覆地的变化，大桥连通了两岸，也通向了远方。同时，由于洲头之上独特的地理位置，这里也成为一片生态之地，正所谓：“白沙洲上芦苇长，大桥两岸好风光。云帆远影碧空尽，目送鸿雁飞斜阳。”

（文／陈红梅）

白沙洲长江大桥位于武汉长江大桥上游8.6千米处，南岸在洪山区张家湾街与107国道相交，北岸在汉阳区江堤街与318国道连通。

且看长江东流去

——武汉军山长江大桥

军山长江大桥

武汉军山长江大桥位于江汉关上游约 28 千米处，北岸为蔡甸区军山街道，南岸是江夏区金水街道，其为武汉市区第四座跨越长江的大桥，也是当时国内最宽的深水特大型公路桥。

大军山位于蔡甸区军山街道，海拔 197.3 米，雄踞长江北岸。大军山与附近的小军山、设法山、百人山等均为三国时期的历史地名。明代嘉靖年间的《汉阳府志》记载：“三国时，吴魏相战，陈兵两山之间，故以大、小军山名。”

大军山与长江南岸的江夏区槐山隔江相望，形同锁钥，是长江的天然门户之一，历来为兵家必争之地。公元 208 年，吴、魏在此屯兵交战。就在那场赤壁大战中，东吴大将黄盖与大都督周瑜巧使苦肉计，黄盖诈降曹操，指挥大批装满火药的东吴战船驰入曹操水军之中，烧毁曹军战船无数。随后，东吴水军尾随杀来，打败了号称拥有八十万人马的曹军，奠定了三国鼎立的基础。北魏地理学家郦道元在《水经·江水注》中就记载：“昔周瑜与黄盖诈魏武（曹操）大军处所也。”

其后，明末的张献忠、清代的太平军、近代的北伐战争和武汉保卫战等，都曾在大军山一带聚兵鏖战。1938 年 10 月，日寇将中山舰炸沉于大军山对面金口附近的江面。

如今，军山一带已成为大武汉经济发展的次中心之一。在这里，宏伟的军山长江大桥凌空飞架，两岸经济交流进一步加快。

军山长江大桥主桥长 964 米，为五跨（48 米 +204 米 +460 米 +204 米 +48 米）连续双塔双索面半漂浮体系钢箱梁斜拉桥，主跨为 460 米，宽 38.8 米（桥面净宽 33.5 米），双向 6 车道，设计行车速度为 120 千米 / 小时，宽度为当时国内同类桥梁第一。军山长江大桥主桥索塔采用分离式倒 Y 形，高 163.5 米，为花瓶形薄壁墩，线型简洁流畅。索塔基础为钻孔灌注桩结构（桩径 2.5 米，桩长 40~42 米不等，共 19 根）。承台为圆形，直径 30 米，高 6 米。

军山长江大桥于 1998 年 12 月动工建设，2001 年 12 月通车。

军山长江大桥的设计获国家交通部优秀设计一等奖，建筑工程质量获国家优秀工程一等奖和第四届中国土木工程詹天佑奖。

由于京珠和沪蓉国道主干线在此跨越长江，军山长江大桥承受着极为繁重的交通任务，高峰期日均通行车辆达 3.4 万辆次，多为大中型货车。

漫步于大桥之上，极目远眺，只见两岸百里长堤上杨柳依依，再远处，万顷稻浪滚滚，楼宇重重。俯瞰大江东去，惊涛拍岸，江流滔滔，百舸争流，蔚为壮观。傍晚，红霞布满天际，在大桥上、长江上、大地上洒下一片耀眼的金黄，展现出一幅壮美的画面，使人不禁想起伟人毛泽东在《沁园春·长沙》中的不朽名句："看万山红遍，层林尽染；漫江碧透，百舸争流。鹰击长空，鱼翔浅底，万类霜天竞自由。怅寥廓，问苍茫大地，谁主沉浮？"同时也会涌现"不管风吹浪打，胜似闲庭信步"的酣畅之感，更会有"做一个中国人无比自豪"的感慨。

（文 / 刘建华）

▍军山长江大桥位于江汉关上游约 28 千米处，北岸为蔡甸区军山街道，南岸是江夏区金水街道。

无尽春光在阳逻

——武汉阳逻长江大桥

阳逻长江大桥是武汉长江大桥群中比较特别的一座。该桥北岸为武汉市新洲区阳逻街道，南岸为武汉市洪山区向家尾村，距上游的江汉关约 30 千米。

阳逻古名逻汭，又名若城，至今已有 3000 多年历史。考古证明，早在殷商时期即有人群在此“依山结茅”，“逐水而居”。公元前 1000 年，此地属于西周的邾国，后为楚国的邾邑。公元前 537 年，“楚子伐吴，济于逻汭”，阳逻成为军事要塞。三国时正式改名“阳逻”。1274 年，忽必烈率军兵临阳逻，在此驻军并南渡长江，此后，阳逻一直隶属黄冈县。阳逻街道现属武汉市新洲区辖。

为完善武汉市周边的交通大通道，武汉市政府决定在阳逻修建长江大桥。其与京珠、沪蓉国道共同构成湖北境内“六纵五横一环”公路网。

阳逻长江大桥工程总长 9420 米，由 2735 米长的大桥、6685 米长的南北两岸连接线组成。其跨江主桥为长 1280 米的双塔钢箱梁加劲梁悬索桥，采用一跨过江的形式，为当时国内长度第四的悬索桥。大桥桥面宽 33 米，双向 6 车道，为全立交高速公路特大桥，设计行车速度为 120 千米 / 小时。

阳逻长江大桥于 2003 年 11 月开工，2006 年 4 月开始吊钢箱梁，2007 年 12 月 26 日通车。该桥建成后，每日过境车辆约 7 万辆，有效缓解了武汉的交通压力。

阳逻长江大桥在施工过程中十分注重科技创新，并先后取得了多项科研成果。

阳逻长江大桥南锚碇基础施工是该桥建设的难点和重点，桥梁建设者们群策群力，顺利解决了内径 70 米、外径 73 米、深 61 米，被称为“神州第一锚”的超大体积基坑开挖、内衬、防渗围护等难点，解决了超大体混凝土的灌注因水化热而产生裂缝这一世界性难题，仅用 81 天就完成了两万立方米混凝土的灌注，创造了惊人的“阳逻速度”。

阳逻长江大桥的混凝土主塔结构一改国内桥塔的横梁模式，采用了独特的“剪刀撑”形式，较传统的 H 形、门形主塔显得更为新颖和美观。

针对悬索桥锚碇预应力锚固系统存在的不可更换和耐久性能差等方面的问题，桥梁建设者们开发研制出耐久性能好、可检测、可更换、更加安全可靠的新型油脂防腐预应力锚固系统，获得了国家专利，并于国内首次应用。

阳逻长江大桥的监测系统还采用了具有自主知识产权的光纤光栅传感技术，用于监测桥梁结构关键位置的应力、桥梁索力和振动，从而解决了传统监测手段无法长期稳定监测桥梁安全的问题，为桥梁安全施工提供了有力保障，也为桥梁长期运行的健康状态提供了诊断手段和科学依据。

阳逻长江大桥还采用了当时国内最大吨位的复合型阻尼装置，可大大提高桥梁的结构性抗震性能，减少大桥在活载作用下振动对主桥结构的不利影响，进而延长桥梁使用年限。

针对阳逻长江大桥钢桥面沥青混凝土铺装的世界性难题，大桥建设者们采用了具有强度高、刚度大、抗变形能力强、与钢板黏结力强的环氧沥青技术工艺，大大提高了阳逻长江大桥桥面沥青混凝土的铺装质量。

为应对越来越复杂的外界环境，阳逻长江大桥混凝土结构外层还采用了硅烷防腐涂装，使其在拥有良好防水性的同时，又能保持混凝土良好的透气性，使大桥具有更长的使用寿命。

阳逻长江大桥在高达 165 米的主塔施工中，还引进了世界最先进的液压爬模系统，使主塔柱线型控制和外观质量达到一流水平；在桥塔中采用箱形钢结构剪刀撑新技术，钢剪刀撑与塔上预埋钢板相焊接的连接方式替代了传统的混凝土中横梁结构现浇施工方式；在猫道架设和主缆架设中，首创了主跨、两侧边跨“三合为一”的全贯通式猫道施工以及拖拉索循环系统，为大桥提供了安全、可靠、

阳逻长江大桥

快速的施工保障。

漫步于阳逻长江大桥之上，最大的感受就是震撼，大桥的宏伟令人震撼，川流不息、无边无际的滚滚车流令人震撼。凭栏远眺滚滚长江东去，远处无边无际的良田美景无不令人心潮澎湃，浮想联翩。

（文 / 刘建华）

阳逻长江大桥位于武汉长江二桥下游 27.19 千米处，北岸为新洲区阳逻街道，南岸为洪山区向家尾村。

巨伞撑起一片天

——武汉天兴洲长江大桥

鸟瞰天兴洲长江大桥

天兴洲是长江中的一个沙洲，面积约26平方千米。它将长江分成南、北两条河道，南侧是主河道，宽约1.4千米；北侧是副河道，宽约1千米。南岸的建筑物较稠密，北岸主要是耕种区，鱼塘较多。天兴洲四面环水，与岸上的交通运输依靠水运。

武汉的第六座长江大桥——天兴洲长江大桥，也是武汉第二座公铁两用桥，于2004年9月动工，2009年12月全部建成通车。这座大桥总投资约110.6亿元人民币，其中正桥工程造价约31.15亿元人民币。

天兴洲长江大桥公路桥连接武汉的三环线，铁路桥是京广高铁跨越长江的关键性工程。该大桥的兴建既是改善武汉铁路枢纽、城市道路交通的需要，也是促进铁路建设又好又快发展的需要，能够促进武汉市的经济发展，改善城市环境。

天兴洲长江大桥位于武昌青山区至汉口谌家矶一线，距上游的武汉长江二桥约 9.5 千米。正桥全长 4657 米，南汊正桥采用双塔三索面斜拉桥，上层为公路，下层为铁路；北汊正桥采用预应力混凝土连续梁桥，公铁并排布置，公路在上游，铁路在下游。公路设六车道，铁路正线数目为四线，其中两线为一级干线，两线为客运专线。公路引线北起江岸区平安铺，南至洪山区中北路延长线，由平安铺立交、和平大道立交、友谊大道立交和青化路立交组成，全长 8043 米。铁路引线北自滠口站经天兴洲长江大桥、武汉站至乌龙泉，修建双线铁路，全长 20.7 千米。

大桥正桥工程共 91 个桥墩，1527 根桩，总桩长 10.1 万米，混凝土用量 85 万立方米，钢筋用量 6.4 万吨，斜拉索总长 3.38 万米，重 4550 吨，钢梁总计 4.6 万吨。

为了高质量地建设好天兴洲长江大桥，中铁大桥局集团有限公司充分发挥桥梁科研、设计、施工、机械制造“四位一体”的优势，形成了六大自主创新技术：巨型双壁钢围堰定位技术，实现 3200 平方米巨型围堰水中定位；3.4 米大直径钻孔桩施工技术，自主研发 KTY4000 型动力头钻机；三索面三主桁新型结构形式，满足了跨度大、荷载重的结构需要；桥面与主桁多种结合方式，解决了减轻桥梁自重等问题；钢梁桁段架设新技术，实现了多片桁梁整体架设；混合阻尼控制技术，提高了桥梁抗震能力，能确保大桥的正常使用和桥塔安全。

天兴洲长江大桥的设计创下了当时跨度、荷载、速度、宽度四项世界第一。

天兴洲将长江分为南北两汊，形成不同的特点，北汊水浅，基本不能通航，航道集中在南汊。长江航道和规划部门要求，天兴洲长江大桥的航道净宽不能少于 480 米。设计部门根据航道的要求和水文、地质、桥型的情况，最后确定了 504 米的大桥跨度。为了使大桥能承受得住 2 万吨的荷载，在设计上提出了“三桁三索面”相结合、板桁结合、钢桁梁与混凝土梁相结合的全新结构。

由于既有长江大桥的功能不能满足城市发展需要，特别是沪汉蓉铁路要在湖北过江，过江列车数量大幅度增加，而武汉长江大桥无法满足时速 200 千米及以上的高速列车的运行要求，长江武汉段建桥资源又有限，因此天兴洲长江大桥必须是四线铁路、六车道公路的两用大桥，这也就决定了它是世界上最宽、荷载最大、列车时速最高的公铁两用桥。

三索面三主桁公铁两用斜拉桥建造技术实现了公铁两用桥跨度从 300 米级到 500 米级的跨越，解决了大跨度铁路桥梁的重载和整体刚度的难题，满足了高速列车运行对轨道形位特别严格的要求。它首次应用于天兴洲长江大桥，集高速铁路、国家干线铁路、城市道路三种交通功能于一桥，不仅节省了桥位资源和工程投资，而且降低了建桥工程对环境的影响。

在大桥建设过程中，钢桁梁的安装最费时费事，对工人来说也存在风险。传统的钢桁梁安装是用吊机将一根根杆件吊到桥面梁端，工人在高空把螺栓一个一个拧上，一点一点地焊接。在天兴洲长江大桥施工过程中，采取了一种新方法：重达 700 吨的三片钢桁梁在工厂整体制造，在桥上整体安装。这样一来，既提高了工作效率，又确保了钢梁的质量，同时开创了钢桁梁节段安装之先河。

斜拉桥离不开斜拉索，天兴洲长江大桥安装了 192 根斜拉索，即每座塔 96 根，最长的索有 272 米，单根斜拉索最重 41 吨。

采用斜拉桥型是为了减少水里的桥墩，为船只航行提供通道，同时从景观上考虑，给城市增添一道风景。

从正桥跨度来看，天兴洲长江大桥的跨度是世界公铁两用斜拉桥中的第一，主跨 504 米，比位居世界第二的丹麦厄勒海峡大桥 490 米的主跨长 14 米，比位居国内第二的芜湖长江大桥 312 米的主跨长 192 米。

从钢桁梁桥面宽来看，天兴洲长江大桥铁路正线数目按四线配置，主桁宽度 30 米，为世界同类桥梁第一。武汉长江大桥下层是双线铁路桥，宽 14.5 米，上层是公路桥，宽 22.5 米。南京长江大桥铁路面宽 14 米，公路面宽 19.5 米。

从结构载荷重来看，天兴洲长江大桥是世界上第一座按四线铁路修建的大跨度客货公铁两用斜拉桥，可以同时承载 2 万吨的荷载，建成时是世界上载荷量最大的公铁两用桥，其荷载量是厄勒海峡大桥的两倍，比武汉长江二桥的六倍还要多。

天兴洲长江大桥（任勇　摄）

从运营时速来看，天兴洲长江大桥是我国第一座能够满足高速铁路运营的大跨度斜拉桥，客运专线过桥时速按 250 千米进行动力仿真设计，突破了厄勒海峡大桥设计时速 160 千米的纪录。

从结构形式来看，天兴洲长江大桥主桥设计首次采用双塔三索面三主桁新型结构，满足了公铁两用桥最大跨度、最大荷载、最快时速的结构需要，解决了重荷载作用下的刚度减弱和疲劳的难题。铁路桥面系采用混凝土与钢桁结合体系。首次采用自主创新研制的磁流变阻尼器和大吨位液压阻力装置相结合，可抵御强震、风暴及大型船舶冲撞。

从施工工艺来看，2 号主塔墩基础采用巨型双壁钢吊箱围堰整体浮运，解决了通航河道抛锚困难的问题。

天兴洲长江大桥通车后，获得了多个高级别奖项。

2010 年，天兴洲长江大桥荣获第 27 届国际桥梁大会“乔治·理查德森”大奖，这是中国桥梁获得的最高国际奖项。国际桥梁大会（IBC）是由美国的一个工程师协会发起的国际桥梁学术会议，每年召开一次，至 2021 年夏天，已举办 38 届，在世界桥梁界具有广泛的影响力。该大会的奖项被誉为桥梁界的“诺贝尔奖”，设立于1988年，共有约翰·卢布林金奖、乔治·理查德森奖、古斯塔夫·林德恩斯奖、尤金·菲戈奖、亚瑟·海顿奖和詹姆斯·库珀学生论文比赛奖。其中，乔治·理查德森奖是历史最久的一个奖项，设立于1988年，每年评奖一次，颁发给一个近期完成的在世界桥梁工程设计、施工、科研方面取得杰出成就的工程项目。

2012年，天兴洲长江大桥“三索面三主桁公铁两用斜拉桥建造技术”荣获2011年度湖北省科技进步特等奖，同时获得2011年度中国铁道学会和中国钢结构协会的科学技术奖特等奖。

中国邮政于2010年12月7日发行《中国高速铁路》特种邮票1套1枚。邮票图案近景是飞驰的“和谐号”高铁动车，中景是铁轨和动车组群，远景是天兴洲长江大桥

2017年11月，中国邮政发行纪念邮票1套4枚。图案内容分别是高速铁路建设、高速动车整备场、高速铁路桥梁、高速铁路客站，其中高速铁路桥梁邮票以天兴洲长江大桥为主体元素，背景是沪昆高铁浏阳河大桥，两座大桥一前一后，采用俯视和仰视两种不同的视角

2012年，天兴洲长江大桥荣获2012—2013年度中国建设工程鲁班奖（国家优质工程）。

2013年，由国际咨询工程师联合会（FIDIC，菲迪克）组织的全球百年建筑、工程项目和咨询工程师奖评选结果揭晓，天兴洲长江大桥荣获FIDIC百年重大土木工程项目优秀奖。

2014年1月，国家科学技术奖励大会在北京举行，天兴洲长江大桥“三索面三主桁公铁两用斜拉桥建造技术”荣获2013年度国家科技进步一等奖。

2016年，第13届中国土木工程詹天佑奖颁奖大会在北京召开，天兴洲长江大桥荣获优秀科技创新工程奖。

天兴洲的功能定位为长江中的生态绿洲，计划建成天兴洲生态博览园、文化创意园、体育运动园、生态涵养园等四大园区，天兴洲长江大桥的建设有助于这项计划的实现。

千百年来，青山至汉口谌家矶之间的江面只有奔流的江水和驶过的船只。天兴洲长江大桥是美丽壮阔的风景，2013年，《桥梁建设报》年轻的记者林先波在《天兴洲上一座桥》一文中以抒情的笔调写道："四月的长江边，芳草青葱，蝴蝶曼舞，磅礴的江水一路向东奔流而去。从地图上看，天兴洲就像一根黄瓜，而从船上看，茂盛的植被正给'黄瓜'刷上了一层浓浓的翠绿。在天兴洲上，一座钢铁巨龙横跨洲上，从侧面看去，大桥的斜拉索就像两把白色的巨伞优雅地撑起蓝天白云。"

（文/郑义华）

▌天兴洲长江大桥位于青山区至汉口谌家矶一线，距上游的武汉长江二桥约9.5千米。

悠悠长桥暗飞声

——武汉二七长江大桥

在武汉江岸区长江边上，耸立着一座巍峨的纪念碑，上面是毛泽东亲笔题写的“二七烈士纪念碑”七个鎏金大字。碑旁，一座气势磅礴的大桥，三塔高耸，银索如翅，飞跨长江，那就是武汉第七座长江大桥——二七长江大桥。

武汉二七长江大桥为武汉市主城快速路系统的重要组成部分，北起于江岸区武铁新江岸小区，南止于青山区钢都花园罗家港，全长6507米，桥面宽度31.4米，双向8车道，项目总投资约72.84亿元。

设计之初，关于桥的起名专家曾有多种不同意见：有的认为该桥是武汉市第七座长江大桥，应仿武汉长江二桥取名“武汉长江七桥”；第二种意见认为该桥南岸是罗家港，起名“武汉罗家港长江大桥”为好；第三种意见认为大桥北岸从二七纪念馆南侧通过，1923年，京汉铁路工人举行著名的“二七”工人大罢工，中国工人阶级在中国共产党的领导下首次登上了政治舞台，他们为理想、自由不屈不挠团结斗争的精神，激励着一代又一代中华儿女为了国家独立、民族解放和人民幸福不懈奋斗，取名为“二七长江大桥”有传承烈士精神的重大意义。最终第三种意见得到肯定，大桥也就定名为“二七长江大桥”。

二七长江大桥选址共有3套方案：其一是徐州二村至水厂路，从二七纪念馆南侧，经解放大道、江岸货场，跨长江后接武昌水厂路至和平大道；其二是大桥北岸与方案一基本相同，但跨江后经武昌罗家港泵站，沿罗家港排水明渠至和平

武汉二七长江大桥（李永刚　摄）

大道；其三是沿京广铁路下行线，穿解放大道及江岸货场铁路疏解区，在后湖船厂处过长江，经武昌罗家港泵站，沿罗家港排水明渠至和平大道。

设计勘察发现，方案三线路地质条件恶劣，岩层为倾斜度为70%的破碎泥岩，南岸墩位于余家港排灌站入江口，几十年来为防洪防汛，水务部门抛填了大量的护岸片石，水底情况复杂，给桥梁基础施工带来极大困难和不确定因素，不是理想的桥址。

但经反复斟酌，综合考虑拆迁工作量、对环境的影响、市民感受等因素，最终还是选择了地质条件恶劣的方案三，理由有二：一是该方案占用城市用地最少，扰民系数最低。沿线居民点房屋多在25米以外，市民房屋拆迁最少，施工噪音对居民影响较小；通车后，居民区附近桥体全部安装隔音壁，噪声污染可降到最低，周边居民基本不受汽车尾气影响。二是罗家港泵站至和平大道沿线有一条排污明渠，春季蚊蝇滋生，夏天污水横流，对居民生活影响大，大桥沿线设计为新的景观干道，对排污明渠改造后，环境美化了，居民也高兴。所以，人们说二七长江大桥是一座最暖人心的大桥。

二七长江大桥是世界上跨度最大的三塔斜拉桥，也是世界上跨度最大的结合梁斜拉桥，正桥长2922米，主跨616米。

斜拉桥跨度大、造价低、技术成熟、建设周期短、景观效果好，选择三塔斜拉桥桥型，主要是出于通航、经济、工效等多方面因素考虑。

武汉素有“桥梁博物馆”之美誉，江城水面长桥卧波，群龙起舞，桥型有双塔斜拉桥、双塔悬索桥、拱桥、连续结构桥等，但一直没有三塔斜拉桥，随着二七长江大桥的建设，武汉“桥梁博物馆”再添“靓仔新星”。大桥主塔为花瓶形状，高209米，创造了武汉桥梁的新高度。高耸的三塔寓意武汉三镇，具有鲜明的武汉特色。万里无云之日，远远望去，三塔耸立，高挑优美，银色斜拉索像是三把展开的巨伞，与长江二桥和天兴洲长江大桥伞塔遥遥相应，“伞”耀江城，新颖时尚。

二七长江大桥上距武汉长江二桥3.2千米，下离天兴洲长江大桥6.8千米，三座桥间距偏近，江上航行的船舶经过时调整姿态的时间偏短。二七长江大桥桥型确定为三塔斜拉桥，主跨为跨度616米的双主孔，桥梁跨度大，水中桥墩少，可确保通航安全。

二七长江大桥设计寿命为100年，采用结合梁结构，钢梁上增加30多万套剪力钉，能使钢梁和混凝土桥面板更牢固地连接在一起，彻底解决了桥面混凝土“位移”的问题。大桥桥面板厚约26厘米，自重轻，在工厂预制，质量安全可靠，上面铺一层沥青，不仅可节省施工时间，还能最大限度地保证桥梁质量。二七长江大桥防震功能强大，大桥三座主桥墩塔块头大，身板实，牢牢“站”在江里，防撞能力很强，能承受5000吨级的船舶撞击，能抵御300年一遇的洪水、2000年一遇的7级地震，称得上是最坚固结实的桥。

武汉地处华中腹地，素有“九省通衢”之称， 随着城市面貌日新月异，过江通道的严重不足制约了武汉的发展，虽然已经建成多个过江通道，但主城区主要的跨江交通流集中在武汉长江大桥和长江二桥。据交通部门2007年过江交通车流量调查，两桥交通量占主城区跨江交通总量的81.1%。

为加强交通基础设施建设，提升对周边城市的辐射力，武汉大写“桥文章”。2008年8月，在市民的期盼中，二七长江大桥正式动工兴建。为尽快提高过江能力，画圆武汉市“二环线”，设计要求大桥在2011年12月31日建成通车，这是世界上同类桥梁中工期最短的桥。

二七长江大桥正桥共有三座主塔，工程划分为三个标段，每个主塔为一个标段。承担3号主塔施工的是中交二航局，承担4号、5号主塔施工的是中铁大桥局。两家单位同为当代中国知名的建桥企业，两强同台，各展雄风，在联手中比拼，碰撞出的火花炫目耀眼，创造的奇迹精彩纷呈！

2011年12月31日上午，武汉二七长江大桥上彩旗飞舞，人头攒动，锣鼓喧天，烟花齐放，热闹非凡。只见几十道红色的气拱门横跨桥面，一只只巨大的彩球携着标语升上天空，二七长江大桥以节日的盛装迎来生命的庆典，武汉市政府在这里举行了隆重的通车仪式，湖北省委书记李鸿忠、省长王国生、武汉市委书记阮成发等领导参加，国内各大媒体记者齐聚。随着省长王国生宣布大桥通车，一辆辆五彩斑斓的彩车在震天的礼炮声中，在无数市民的簇拥下，在簇新的大桥上依次驶过。

二七长江大桥

从动工到通车，短短3年多时间，大桥建设者们顶严寒、斗酷暑、搏洪峰，勇敢地接受长江50年一遇的春汛的挑战，迎接长江流域10年一遇的大洪水袭击，通过技术创新，攻克了岩层塌方等建桥史上罕见的施工难题，先后创造了承台混凝土一次性灌注、主塔塔座与第一节塔柱混凝土一次性灌注、主塔施工6米一个节段、塔梁同步施工等一个又一个桥梁建设的新纪录。他们用忠诚和奉献、智慧和巧手，安全、优质、快速地完成了大桥工程建设，实现了中国桥梁建设新的跨越，再现了中国工人阶级的英雄气概和奋斗精神。

（文／陈焱清）

二七长江大桥北起江岸区武铁新江岸小区，南止青山区钢都花园罗家港，距上游武汉长江二桥3.2千米，距下游天兴洲长江大桥6.7千米。

钢铁飞虹照古洲

——武汉鹦鹉洲长江大桥

鹦鹉洲有古、今鹦鹉洲之分。古鹦鹉洲隶属江夏，因汉末祢衡的一篇《鹦鹉赋》而得名，又以唐代崔颢的诗句“芳草萋萋鹦鹉洲”而闻名，明末清初被淹没。清乾隆年间，汉阳又淤出新洲，名“补课洲”。嘉庆二十年（1815），汉阳知县裘

鹦鹉洲长江大桥（任勇　摄）

鹦鹉洲长江大桥

行恕三次呈禀，请求恢复鹦鹉洲原名，以存古迹，得到允准，故有了今之鹦鹉洲。

古鹦鹉洲首起鲇鱼套，尾至黄鹄矶，洲势呈长条形。到南宋末年，古鹦鹉洲和武昌的夹江日益变宽，变为主汉，古鹦鹉洲不断受水流冲刷，洲面渐渐缩小，到明朝时洲面几近消失，至清朝雍正年间，完全沉入江底。今鹦鹉洲位于汉阳拦江堤外，濒临长江，头南尾北，南北相距 6 千米，面积约 6 平方千米。1954 年秋，武汉市修筑了鹦鹉大堤。

鹦鹉洲长江大桥东岸是鲇鱼套，江心塔所在位置应该就是沉入江底的古鹦鹉洲所在地了。这意味着鹦鹉洲长江大桥的修建，不仅在武昌和汉阳之间建设了一条快速过江通道，也唤醒了沉睡江底的古鹦鹉洲。

2014 年 12 月 28 日上午，鹦鹉洲长江大桥正式通车。这座桥于 2011 年 5 月全面开建，用了 3 年多的时间圆满建成，创造了长江上悬索桥施工的新纪录。

鹦鹉洲长江大桥是武汉的第八座长江大桥，是世界上跨度最大的三塔四跨悬索桥。它在武汉长江大桥的上游，两座桥相距 2.3 千米。鹦鹉洲长江大桥全长 3420 米，其中主桥长 2.1 千米。主桥是三塔四跨悬索结构，采用了钢材和混凝土两种材料。大桥两个主跨跨径均为 850 米。上部结构为钢—混凝土结合梁，桥面宽 38 米，是武汉第一座 8 车道跨江大桥，设计时速为每小时 60 千米。中塔为钢—混凝土叠合塔，塔高 152 米，边塔为钢筋混凝土结构，塔高 129 米。

鹦鹉洲长江大桥全程采用高架，将汉阳江城大道墨水湖北路与武昌梅家山立交连接起来。项目总投资约 90 亿元人民币，其中正桥投资约 48 亿元人民币。

由于桥址接近龟山、蛇山和武汉长江大桥，鹦鹉洲长江大桥在设计上充分考虑了与周围景观的融合。三塔四跨悬索桥的设计能有效降低桥梁高度，利用浅洲修建主塔可以满足长江通航的要求。为了不影响江滩上的行人通行，还在大桥两侧各加了 200 米的边跨。

鹦鹉洲长江大桥是世界首座三塔四跨悬索桥。武汉长江大桥的桥梁放在桥墩上，桥墩是主要的承重结构。鹦鹉洲长江大桥的桥梁用穿在桥塔和锚碇上的钢缆吊起来，桥塔、锚碇和钢缆是最主要的承重结构。

鹦鹉洲大桥三座桥塔中，江心塔为主塔，是国内第四座、湖北省首座钢混结构的桥塔。鹦鹉洲大桥一共四跨，江中有两跨，每跨都是 850 米，为悬索结构。建成后，主塔两侧桥梁上的汽车有多有少，两侧桥梁所承受的压力也会有大有小。哪一侧受力大，主塔就会被拉向哪一边，这样一来，主塔就会产生轻微的摆动。混凝土没有柔性，经不起长期拉扯。如果主塔全部为混凝土结构，在长期拉扯下必然受损，于是将主塔上部建成具有柔韧性的钢塔。

鹦鹉洲长江大桥两个主跨、两个边跨连续起伏的主缆，线型简洁，富有韵律；三座竖直的桥塔立于水岸江滩边缘的开阔处，显示出向上的力度；边塔较之中塔略低，主缆向锚碇方向与地形顺接，过渡匀顺，主缆力线清晰，自然而协调；中塔立于水面中央，高度超过边塔，两侧主缆对称。三座笔直的桥塔支撑着整个梁部的重量，给人以力量感，梁部水平的线条向远处延伸又给人以遐想空间，与主缆悬链线型形成了一个刚柔相济的整体。

鹦鹉洲长江大桥的两根主缆总重 1.1 万吨，每根主缆直径为 686 毫米。主缆由 114 根索股组成，单根索股由 127 根直径 5.25 毫米的镀锌高强钢丝组成，长约 2285 米，单根索股重约 50 吨。主缆是大桥的主要承重结构，建成后可承受 8 万多吨的重量，其施工是工程中最为关键的工序之一。

猫道是桥梁施工中的高空脚手架。猫道铺设是高空作业，安全风险巨大。鹦鹉洲长江大桥的猫道采用往复对拉牵引施工，从各塔顶向上下游侧向两边铺进，单侧长 2000 多米。上下游侧猫道之间设有 12 套横向天桥。横向天桥可以满足上下游之间的猫道联系，方便施工人员和设备及材料的转移，并提高猫道自身的整体稳定性，增强抗风能力。

二号塔位于长江江心，下部是混凝土结构，高 45 米，上部是纯钢结构，高 107 米。该塔柱的结构尺寸大、构造复杂、施工难度大，但是，桥梁建设者通过科学施工，仅用 148 天就完成了塔柱下横梁混凝土的施工，总共浇筑 20800 立方米的混凝土，创造了长江流域混凝土施工的新纪录。

江心墩运用的是沉井法施工。先用钢筋混凝土制造一个圆柱形的沉井筒，沉井筒围起来的面积比 8 个篮球场还大。施工时，吸走沉井筒内的泥沙，随着泥沙被吸走，沉井筒一点点往下沉，一直下沉到坚硬的岩石层。紧接着抽干沉井筒里面的水，清除掉沉井筒里面残余的沙石，然后浇筑混凝土，混凝土凝固以后就成了桥墩基座。

比 8 个篮球场还要大的双壁钢围堰若在江中施工，很不方便，效率低，还会影响航运。桥梁建设者们选择在军山大桥南岸附近的船厂一次性建好围堰，但是重达 5000 多吨的钢结构庞然大物，如何下水并运到指定水域，又成了个大难题。中铁大桥局专门开发了超大型围堰岸上平转气囊法下河新工法，先将钢围堰固定在托板之上，托板下放置气囊，将气囊充气托起围堰，围堰就能顺着气囊滑向江面。同时，多个气囊呈一定角度摆放，钢围堰下水就会按照预定方向转动。紧接着，主拖船拖着钢围堰，在 5 艘海巡船的护送下，顺水漂流 26 千米，到达指定位置，在 2011 年 5 月夏季汛期到来之前，围堰成功下沉。

鹦鹉洲长江大桥夜景

该桥为何选择三塔悬索桥桥型呢？因为除武汉长江大桥和阳逻长江大桥外，其他 5 座长江大桥均为斜拉桥，所以设计者放弃了斜拉桥，以避免重复。此外，还有景观方面的考虑，要避免斜拉桥的高塔对附近景观的影响。三塔悬索桥桥型在江滩上没有桥墩，不会破坏汉阳江滩现状。

在原来的设计中，鹦鹉洲长江大桥同天兴洲长江大桥一样没有人行道。在 2012 年 7 月举办的“喜迎十八大，市民看巨变”活动中，一些热心市民参观了鹦鹉洲大桥工地，有的市民提出，长江一桥有人行道，建议鹦鹉洲大桥也修建人行道，这样既能满足“无车一族”的过江需求，也能满足人们欣赏风景的需求。施工方中铁大桥局认为，增设人行道的方案可行，于是向业主方以及武汉市委、市政府反映了这个问题。

武汉市委和市政府很重视这个问题，决定将鹦鹉洲大桥两侧的检修通道改成人行道。人行道宽 1.5 至 1.8 米，既具备检修功能，也具备观景功能和交通功能。为了保证行人安全，在人行道与车行道之间设置了坚固的防撞栏杆。工程中途修改已确定的工程方案，实属罕见。

鹦鹉洲长江大桥是武汉第一座有着鲜艳色彩的悬索桥，颜色采用“国际橘”，桥塔、钢梁、主缆、吊索都采用这个颜色。为何选择“国际橘”？因为它是世界首座三塔四跨悬索桥，本身就是一座标志性的桥梁。另外，它位于古鹦鹉洲之上，又紧邻武汉长江大桥，处在“龟蛇锁大江”的主城景观区及黄鹤楼的景观视野内。有关部门组织专家进行了多轮研讨，借鉴美国金门大桥的经验，最后选择了“国际橘”。

国际橘由红、黄、黑三种颜色混合而成，作为一种醒目标识的色彩在国际上被广泛使用。在大雾多雨的天气，国际橘能让驾驶员看得更清楚，有利于保障行车安全。

2014 年 12 月 14 日，鹦鹉洲长江大桥通过了由中铁大桥局桥科院主持的通车鉴定，大桥各项技术指标符合设计规范。

城市建设是建设国家中心城市的基础。2012 年，武汉市委、市政府提出城建攻坚的五年计划，计划在五年时间里投入大约 8000 亿元，实施 24 项重大工程，实现综合交通枢纽等六大提升，鹦鹉洲长江大桥是其中的重大工程之一。

鹦鹉洲长江大桥的建成，极大地改善了主城区环网结合的快速路系统，对缓解武汉长江大桥的交通压力，促进武昌、汉阳两地均衡发展，发挥了重要作用。“晴川历历汉阳树，芳草萋萋鹦鹉洲。”今天的钢铁飞虹与昨日的古洲遥相呼应，见证着武汉的发展。

（文 / 郑义华）

鹦鹉洲长江大桥连接汉阳江城大道墨水湖北路与武昌梅家山立交桥。

驿使驰驱万国通

——武汉沌口长江大桥

沌口长江公路大桥是武汉市四环线首条过江通道，也是武汉市第九座跨越长江的大桥，位于白沙洲长江大桥和军山长江大桥之间，起点接武汉市四环线西段，终点接四环线南段，是武汉四环线的重要组成部分和控制性工程。

沌口长江大桥（任勇　摄）

沌口长江大桥按双向 8 车道高速公路标准设计建设，设计时速为 100 千米/小时。大桥跨江主桥长约 1510 米，主跨 760 米，桥面宽 46 米，全长 8.599 千米，总投资约 52.25 亿元。大桥为五跨一联双塔双索面钢箱梁斜拉桥，主桥全长 1510 米，主跨 760 米，桥面宽 46 米。

这是湖北省境内首次采用 BOT+EPC（投资、设计、施工、运营一体化）模式建设的长江大桥，2014 年 10 月 8 日项目正式开工，设计寿命为 100 年，2017 年 12 月 28 日顺利建成通车。

沌口长江公路大桥的建设创造了多项纪录。该桥宽 46 米，是当时已建成的长江大桥中最宽的；全桥钢箱梁重 4.88 万吨，相当于 6 座埃菲尔铁塔的用钢量；大桥按高速公路标准设计为双向 8 车道，货车比重超过 40%，是武汉已建成桥梁中最能扛“重”的一座；使用世界首创的正交异性钢桥面板 U 肋内焊成套工艺，可提高结构疲劳寿命一倍以上，还能大大减少后期的桥梁维护、维修费用，从而提高桥梁的安全性和经济效益，经中国公路学会鉴定为国际领先水平；主桥 240 根蓝色斜拉索相比其他桥梁看上去更细，最大一根直径仅 17 厘米，一根索可拉起 2500 吨的物体。

沌口长江大桥

沌口长江大桥桥面

同时，项目全线桥梁类型多样，施工工艺复杂，涵盖面广，项目部依据不同的施工环境和工况有针对性地采用了不同的施工工艺，上构施工中，装配式 T 梁、钢箱梁顶推、钢箱梁支架施工、钢箱梁悬拼施工、支架现浇、移动模架现浇、悬浇挂篮施工等都有涉及，被桥梁专家们形象地比喻为“桥梁工艺博物馆”。

从前期筹备到建设完工，从顶层设计到基层施工，沌口长江大桥处处显露出设计师、工程师的匠心。项目部采用的“U 肋与面板双面焊技术”、国内首创的“弹性—阻尼”复合减震装置、桥梁全寿命安全监控体系等可有效减少大桥后期维护压力，路面建管养一体化模式的精细管理，将大桥的品质提升到极致。

“坦途箭直千人过，驿使驰驱万国通。”这是对有着“中国第一桥”之称的赵州桥的赞誉。赵州桥的设计者是李春，他是中国乃至世界建筑史上第一位桥梁专家。武汉沌口长江公路大桥曾获 2020—2021 年度（第一批）李春奖（公路交通优质工程奖）。

沌口长江公路大桥也登上了由中国建筑业协会公布的 2020—2021 年度第一

批中国建设工程鲁班奖（国家优质工程）表彰名单，获此殊荣，实至名归。

沌口长江大桥的通车运营，对于实施国家促进中部地区崛起战略，完善湖北省高速公路网，缓解武汉市城区过江交通压力，带动区域经济和交通运输的发展，拓展城市发展空间，推进“两圈一带”建设，促进沿线经济社会协调发展均具有重要意义。

“飞龙踏水通南北，长虹卧波福两岸。”沌口长江大桥横跨长江南北，贯通江城四环，能够助推中部崛起，是镶嵌在长江上的一颗璀璨明珠。

（文 / 陈红梅）

沌口长江大桥位于白沙洲长江大桥和军山长江大桥之间，起点接武汉市四环线西段，终点接四环线南段。

山高我为峰

——武汉杨泗港长江大桥

杨泗港长江大桥是武汉长江上的第十座大桥，于汉阳区鹦鹉大道国博中心北侧跨越长江，于武昌岸跨过八铺街堤、武金堤。

杨泗港长江大桥位于长江武汉段的“桥群”江段，桥址 8.2 千米范围内有 4 座长江大桥（分别为白沙洲长江大桥、杨泗港长江大桥、鹦鹉洲长江大桥、武汉长江大桥），杨泗港长江大桥距上游白沙洲长江大桥 2.8 千米，距下游鹦鹉洲长江大桥 3.2 千米。

杨泗港长江大桥（范俊杰 摄）

杨泗港长江大桥采取上下双层各双向 6 车道公路的方式，桥面宽 33 米。上层桥面连接汉阳国际博览中心立交和武昌八坦立交，设计行车时速为 80 千米；下层桥面与汉阳鹦鹉大道、滨江大道和武昌八坦路相接，设计行车时速为60千米，主要为解决区域内交通而建。

和其他长江大桥一样，杨泗港长江大桥在施工过程中创造了多个全国第一和世界第一。

杨泗港长江大桥总长 4.13 千米，其中主桥长 1.7 千米，一跨过江，是目前国内第一、世界第二大跨度的钢桁架主梁悬索桥，也是我国第一座双层公路悬索桥。

大桥主桥为双层双向 12 车道，是世界上通行能力最大的公路桥梁。大桥主缆设计张力为 6.5 万吨，吊索设计拉力为 500 吨，主缆钢丝强度等级为世界最高、设计荷载世界最大。

杨泗港长江大桥主桥梁体重达 10 万多吨，只用两根主缆将全桥牢牢地固定在两岸的锚碇上，因此锚碇的体积巨大。其中，汉阳岸锚碇采用外径 98 米、墙厚 1.5 米、深 66.8 米的重力式地连墙基础，开挖深度为 38 米，灌注混凝土约 27 万立方，是世界上最大的圆形桥梁基础。大桥 2 号主塔底节钢沉井下水重量达 6200 吨，是世界上采用气囊法下水重量最大的沉井。

杨泗港长江大桥共两根主缆，每根主缆的直径超过 1 米，由 271 股索组成。而每根股索又由 91 根直径为 6.2 毫米的高强钢丝组成。每根主缆的设计拉力为 6.5 万吨，不仅拉力大，而且是国内首次采用的超长缆索。

杨泗港长江大桥还有一个不为人所知的特别之处，那就是主桥钢桁加劲梁采用全焊接结构，这在国际上尚属首次。过去修建桥梁时，杆件与杆件、杆件与节点之间，都是采用铆接或用高强度螺栓连接。而杨泗港长江大桥则采用焊接，这就要求焊缝断面必须做到严丝合缝。短距离焊缝的质量不难保证，可长达 1700 米长的主桥要焊接得完好无缺，那个难度可就不一般了。

悬索桥是所有桥型里面最怕风的一种桥型，一旦遇到大风，悬索桥就会面临很大的威胁。杨泗港长江大桥这座长达 1700 米的特大跨度悬索桥，其抗风设计更成为重中之重。经过多次风洞测验，杨泗港长江大桥可承受 12 级大风。

杨泗港长江大桥披上“金秋黄”，犹如“金龙出水”（任勇　摄）

自 2015 年 7 月正式开工建设到 2019 年 10 月通车，杨泗港长江大桥的建设者们还创造了多项“中国速度”：

仅用了 300 天时间，就完成了高达 241.2 米的塔柱施工。

仅用了 87 天时间，就完成了全桥 542 根单根长度为 2836 米的索股的架设。

仅用了 36 天时间，就完成了全桥 49 片千吨级钢梁的架设。

……

如此速度，再一次证明了中国作为“桥梁强国”的实力。桥梁专家说，类似杨泗港长江大桥这样的超级工程，美国要用 9 年时间才能完成，英国和日本也要用 8 年时间，而我们，从正式动工到建成通车，只用了 4 年多的时间。这让世界各国的桥梁建设者们都敬佩不已。

武汉桥梁建设者们创造了又一个奇迹，光荣属于他们！

（文 / 刘建华）

杨泗港长江大桥于汉阳区鹦鹉大道国博中心北侧跨越长江，于武昌岸跨过八铺街堤、武金堤。

又一张亮丽的武汉名片
——武汉青山长江大桥

昨天，当人们刚赞美了通体金黄有如金龙腾空飞跨大江的杨泗港长江大桥，今天，人们又把欣喜的目光转向刚刚通过竣工验收的武汉青山长江大桥。如今，这座武汉市最年轻的长江大桥，已成为大武汉一张最新的亮丽名片。

青山长江大桥位于天兴洲长江大桥和阳逻长江大桥之间，其距上游的天兴洲长江大桥约 6.5 千米，距下游的阳逻长江大桥约 9.5 千米。大桥南岸位于青山区武钢外贸港码头附近的八吉府街新集村，跨过天兴洲后，北岸直达黄陂区武湖街。

2015 年 12 月 23 日，武汉市第十一座长江大桥——青山长江大桥正式开工建设。

青山长江大桥全长 7548 米，其中跨江主桥长 4374 米，主跨为 938 米，是目前世界上跨度最大的双塔钢箱结合梁斜拉桥，也是世界第四长跨斜拉桥。

大桥主塔基础采用哑铃型双壁钢套箱围堰施工，围堰长 103.8 米，宽 43.4 米，总面积 3380 平方米，相当于 8 个篮球场的面积，总重 6000 吨，是当今世界上最大的哑铃型双壁钢围堰。

青山长江大桥主桥塔承台尺寸为 99.6 米 ×39.2 米 ×9 米，也是目前世界上最大的整体式哑铃型承台，基础为 60 根长 94 米、直径 3 米的混凝土灌注桩。

大桥南北两座主塔均采用受力最强的 A 形结构，高 279.5 米，相当于一百层楼高，是目前世界最高的 A 形桥塔。

如果不查看资料，又有谁能知道，青山长江大桥的主桥钢梁竟然没有横梁支

青山长江大桥

撑，完全依靠 252 根斜拉索的拉力处于全悬浮状态。看似细长的拉索竟能承受如此令人咋舌的万钧之力，怎能不令人啧啧称奇？有专家介绍，这座当前世界上跨度最大的全漂浮体系斜拉桥还具有强大的抗风能力。就是 19 级大风袭来，大桥照样巍然屹立。

青山长江大桥也是一座荷载能力超强的大桥，它可同时承受 66 台 33 吨的双后轴载重汽车，这可是近 2200 吨的重量呀！

青山长江大桥桥面宽 48 米，是目前长江上桥面最宽的桥梁。全桥采用双向 10 车道（包括 2 股应急车道）高速公路建设标准，设计时速 120 千米，是目前武汉行车速度最快的长江大桥。竣工之前，有记者曾在桥上进行了高速开车过桥的试验。汽车以每小时 120 千米的车速，仅用 50 秒，就通过了大桥，真的是“分分钟”就飞过了长江！

青山长江大桥的照明系统也采用了高科技，全桥采用国内首创的“多维度低位照明”系统，桥上所有的照明光源都会定向投射到桥面上。同时，大桥中间还设置了竹竿造型的“防眩板”，可以挡住对面车辆的远光灯。有了这些保护设施，司机们晚上开车就再也不怕灯光炫目刺眼了。

青山长江大桥全景

据统计，青山长江大桥也是一座“高科技”大桥，其采用的新工艺、新技术已申报了 22 项专利，这种申报专利的密度也是世所罕见的。

建成后的青山长江大桥，是武汉四环线跨越长江的“咽喉”通道，也是过城重载汽车的主要通道，把青山、黄陂、东西湖、蔡甸、江夏、洪山 6 个城区之间的距离拉近了。

1957 年，万里长江第一桥——武汉长江大桥建成通车，举国欢庆。

2020 年，武汉长江上的第十一座大桥——青山长江大桥建成，更为武汉市增添了风采。有人风趣地说，武汉长江大桥的主色调是灰色，鹦鹉洲长江大桥通体是橙色，杨泗港长江大桥外饰为明黄色，如今，青山长江大桥又以蓝色为主色调，那么，下一座长江大桥又会是什么颜色呢？还有人不无感慨地说：“留给武汉下一座长江大桥的颜色不够用了。”

那我们就拭目以待，看看下一座长江大桥将以什么颜色为主色调吧。

长江上的一座座大桥，见证着武汉的飞速发展，也托举着江城大步迈向更辉煌的未来。

（文 / 刘建华）

青山长江大桥南岸位于青山区武钢外贸港码头附近的八吉府街新集村，跨过天兴洲后，北岸直达黄陂区武湖街。

第三篇

彩练当空舞——汉江上的桥

武汉的桥，以汉江为骨，延展着城市的体魄。橘红色的晴川桥、淡蓝色的古田桥、铁灰色的汉水铁路桥、工业色的江汉湾桥……如今，在汉江武汉段跨越汉江的大桥就有12座。品读汉江上的桥，它们延伸着城市的交通轴、经济轴、文化轴、生态轴、景观轴，将城市画卷向我们徐徐展开。武汉是汉水段大桥最多的城市，截至目前，已建成的有汉水铁路桥、江汉桥、知音桥、晴川桥、月湖桥、长丰桥、古田桥、中法友谊大桥、九通汉江大桥、蔡甸汉江大桥、蔡家湾特大桥等11座桥。汉江武汉段的大桥风格各异、色彩各异，是武汉的一、二、三、四环线和外环线的重要节点，并将汉阳、汉口和新城区紧密地连接在一起，也是城市滨江一道亮丽的风景线。

第一炮一定要打响

——汉水铁路桥

在武汉现有的桥梁中，汉水铁路桥恐怕是最不为人所知、最默默无闻的一座，但它又是一座具有重要意义的桥梁。

人们熟知的武汉长江大桥工程其实不仅是单独的一座桥梁，其施工范围包括从汉口玉带门火车站跨过汉水，经汉阳再越长江直至武昌新车站之间 14 千米内的桥梁和线路工程，其配套桥梁工程有长 61 米的汉口张公堤跨线桥、长 59 米的汉口仁寿路跨线桥、长 316 米的汉水铁路桥、长 16 米的汉口汉正街跨线桥、长 322 米的汉水公路桥（即江汉桥）、长 72 米的汉阳月湖街跨线桥、长 71 米的武昌解放路铁路跨线桥、长 73 米的武昌解放路公路跨线桥、长 25 米的武昌路跨线桥、长 44 米的武昌中山路跨线桥、长 12 米的武昌粤汉铁路跨线桥、长 65 米的武昌武珞路跨线桥。在这些配套工程中，最大、最重要的无疑是汉水铁路桥和汉水公路桥，因为它们不仅是武汉长江大桥的主要配套桥梁，而且是建筑在长江最大支流汉水入江口处的具有相当大规模的两座桥梁。

汉水铁路桥位于汉口太平洋路与汉阳月湖堤之间，全长 316 米，为 2 台 9 墩 10 孔双线铁路桥。其上部结构为 3 孔 55 米跨度的铆接钢桁梁、4 孔 20 米跨度的钢板梁、3 孔 16 米跨度的钢筋混凝土梁，下部结构为钢筋混凝土复线墩台、钢筋混凝土管桩基础。如此规模和结构的桥梁，对于今天的建桥者来说是小菜一碟，可在当时来说，还是有相当大的难度的。当时不仅缺乏施工技术、施工组织经验，

时任铁道部部长滕代远（左三）在汉水铁路桥工地指导工作

还缺乏材料和机具。所以，武汉长江大桥建设总指挥、武汉大桥工程局首任局长彭敏说，这是长江大桥主体工程的试验和练兵。他还说：“这是修好长江大桥的第一炮，这一炮一定要打响！”

汉水铁路桥于 1953 年 11 月 27 日正式开工建设。该桥的建设引起了中央领导的高度关注，开工不久，铁道部部长滕代远就到工地指导工程建设，现场解决问题。

不少当年的领导、专家回忆，这是一次不太熟练的演习，遇到了不少困难，出现了不少插曲。

首先是水中墩沉井施工，真是一波三折。当时中国钢铁产量极低，只得采用木制沉井。木沉井做好后请来有经验的木船制造专家检查是否合格，结果专家认为嵌缝不合格，只得重新处理。木沉井造在一只驳船上，由另外两只驳船夹着，在中间驳船中打水，使驳船下沉，让沉井浮起，再拖到工地定位。谁知驳船一打水后，倾斜而不下沉，木沉井上也不能上，下也不能下。前来援建的苏联专家奥尼斯阔夫和中国的工程师们在指挥的拖轮上开了大半天会研究，才找出了解决的办法，那就是把这一组船拉到水浅的地方，使中间的驳船一头搁住，然后再打水，

汉水铁路桥施工时情景

使船下沉，沉井拨正浮起，再拖到墩位上，总算过了第一关。那时的沉井还有木底，必须用钢轨束冲去木底，使之变为无底沉井，再继续沉到河床上。不料，钢轨束掉了下去，把沉井再度压斜。最后排除了这一故障，才将沉井扶正下到河床。

以上只是举个例子，事实上，在建设这座桥的过程中，遇到的困难何止千万，但那时从建桥职工到武汉市民，人人乐于奉献，个个干劲冲天，事迹可歌可泣。

土建工作刚刚开始时，武汉赶上了百年一遇的洪水，施工队伍一边抗洪一边施工。当时武汉正值高温时节，在室内工作的设计人员如同在蒸笼里一般，一间十来平方米的小屋，有七八个人在里面办公，不用说空调，连电扇都是奢侈品，只有几把扇子，但因忙于工作，扇子也没法用，只得在旁边放盆凉水，汗多了就用毛巾洗一洗、擦一擦，乃至到后来，凉水都成了温水。

由于长时间的水下施工，许多建设者患上了严重的风湿病，有的甚至下肢瘫痪，后半生只能与轮椅相伴。党和政府十分关心这些建桥功臣，为他们修建了专门的医疗病房，建立终身医疗保障，其子女长大成人后也给予特殊照顾。这些功臣们也十分顽强，腿不能发挥作用了，就用手做力所能及的工作，有的人还学会了编织毛衣，并将自己编织的毛衣送给医务人员和在工地奋战的工人。

汉水铁路桥

在这座桥梁施工的过程中，中国技术人员与苏联援建专家还产生过分歧，掀起了一场轩然大波。分歧是因打桩而起的，当时 4 号墩的桩打不下去，下沉管桩要计算承载力，根据苏联的打桩公式，桩的承载力还不够，桩没有下到设计的深度，因此苏联专家奥尼斯阔夫认为桩还需逐根复打。中国总工程师陈昌言则认为根据试验承载力已经超过数倍，因地质情况不同，复打不能证明有无问题，且复打往往会导致桩头破裂，管桩折损后，又需加固、拔桩、补桩、修理桩头，带来种种麻烦，因此不同意复打。陈昌言还认为，苏联的打桩公式和英美的计算公式不同，苏联的公式不合理。彭敏根据打桩的实际情况及自己多年的工作经验，赞成陈昌言的意见并决定“可以不再打了”，此举惹恼了奥尼斯阔夫，彭敏也因此受到处分，他承受着来自各方的压力，心里只有一个念头：这是新中国的第一个大工程，全市人民在看，全国人民在看，不能有丝毫的犹豫和动摇，第一炮一定要打响！

经过一年的奋战，汉水铁路桥于 1954 年 11 月 25 日上行线竣工，同年 12 月 28 日通车，为下一步汉水公路桥和武汉长江大桥的建设开了个好头。

汉水铁路桥建成后，作为京广线上横跨汉江的咽喉桥梁，它默默地、忠诚地履行着自己的职责，承担着繁重的运输任务。汉水铁路桥的设计标准与武汉长江大桥是一致的，建成初期每天汽车通行量仅数千辆，当初设计时速仅为 35 千米，之后随着铁路多次提速，如今汉丹、汉宜、京广等多条铁路线交会于此，不仅有时速达 200 千米的动车通过，还有重载货车，平时每天通行 178 对车，平均每 6 分钟即有一列火车通过，春运等高峰时段还会增加临客。当初的设计车速与通过量无法适应高速、重载的新情况，钢梁的结构强度等技术状态满足不了需求，从安全、舒适的角度考虑，亟待换新。2012 年 12 月 7 日，桥梁的管理单位武汉桥工段联合中铁大桥局（其前身即修建汉水铁路桥的武汉大桥工程局）首次对其实施“大手术”——更换钢梁。这是继 1954 年建成后 58 年来首次换梁施工。原钢梁由苏联制造，新换上的钢梁所用的钢材由武钢生产，钢梁由武桥重工制造。换梁分阶段进行，每天利用京广铁路“集中大修”的 1 小时“天窗期”施工，此段时间内无客车通过，不影响行车。

中铁大桥勘测设计院总工程师高宗余表示：“汉水桥建成 58 年才进行部分钢梁更换，可见其质量过硬。一般铁路桥使用近 60 年都需要换梁。这次更换后，汉水桥‘活’到百岁以上没问题。”

（文 / 余启新）

汉水铁路桥位于汉口太平洋路与汉阳月湖堤之间。

汉江飞虹

——江汉桥

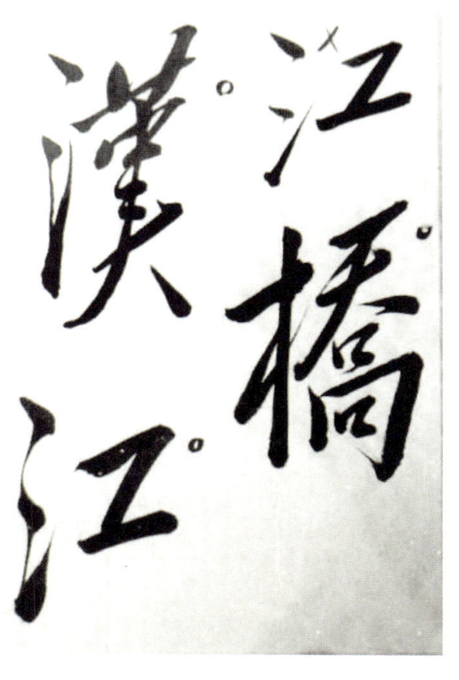

毛泽东为江汉桥题写的桥名

位于北京天安门广场东侧的中国国家博物馆收藏着一幅题字，篇幅不大，字也很少，却具有重大意义。这幅题字是毛泽东 1956 年 1 月 22 日为武汉汉水公路桥即江汉桥题写的桥名。毛泽东十分重视这一题字，写完“江汉桥”三字后，他似乎对“江”字不太满意，又重写了一个“江”字，然后在觉得满意的字旁划圈注明。“江汉桥”三字一如毛泽东 20 世纪 50 年代后的书法作品，大气磅礴，豪放酣畅，是一件书法艺术品。

为一座城市的桥梁命名题字，对毛泽东来说实属罕见。这幅题字，反映了毛泽东对江汉桥、武汉长江大桥及新中国桥梁建设事业的关心。

1953 年 2 月 16 日深夜，毛泽东到达汉口大智门车站。这是毛泽东在新中国成立后首次到武汉。第二天，毛泽东提出：“解放前，我到过武昌、汉口，就是

毛泽东 1953 年 2 月在武汉视察（吕厚民 摄）

没有到过汉阳，我想去看一下。”当时的中南军政委员会交通部部长、后任武汉市市长的刘惠农陪同毛泽东坐一条船经过龙王庙，由汉阳高公街上岸。当时的汉阳，街道狭窄，街面萧条，毛泽东见后表情十分凝重。看到有划子过江，毛泽东问：“老百姓都是坐划子吗？”“是的，”刘惠农回答，“这里是长江汉水汇合口，风大浪急，坐划子很不安全，现已决定在汉水上架设铁路桥和公路桥，与长江大桥一起，把武汉三镇连成一片。”毛泽东这才露出了满意的笑容，连连点头。

1954 年冬，江汉桥正式开工。

全长约 322 米的江汉桥其实是武汉长江大桥的配套工程中最大也是最为重要的工程。因为它不仅是武汉长江大桥的主要配套桥梁，还是建在长江最大支流入江口处的桥梁，其修建本身具有相当高的技术难度，建设者们实际上承担着武汉长江大桥工程的试验和练兵任务。

江汉桥靠近入江口，位于城中的闹市区，不仅要考虑人、车的通行，还要考虑桥下船舶通航、桥梁美观、经费节约等因素，对跨度、净空尺寸、景观设计、桥梁装饰等也就有较高的要求，但以国内当时的技术和生产水平，很难达到相关标准，所以桥梁专家们只得开动脑筋想办法，提出了能尽量满足各种需求的方案。

江汉桥主桥长 322.37 米，桥面宽 25.5 米，由于国内无法生产大跨度钢筋混凝土梁，遂采用连续钢板梁、钢桁拱混合结构，桥设计为 2 墩 3 孔，主跨 87.37 米，两个边跨各 54.3 米。桥下船舶的最高航行水位达 28.1 米，桥面中心标高达 43.34 米。如此设计，基本满足了各种要求。因为当时没有足够的财力、物力，又遇上开展增产节约运动，所以提出降低造价，只好对设计、施工方案进行了很多修改、简化，如不建引桥，正桥跨越汉口、汉阳岸的沿江街道后直接与地面连接，形成较陡的坡度，连接处也常出现凹陷；原设计中的桥头堡取消了，拟建的精致的雕花栏杆也改成了简易的混凝土栏杆，自然不及原设计精美。尽管有些许遗憾，但江汉桥仍不失为一个了不起的建筑，对武汉城市交通的发展、对未来三镇连为一体起到了重要作用，而且桥梁质量优良，造型美观雄伟，成为城市一景。更为重要的是，经过这项工程建设，领导干部、技术人员和建桥工人都得到了锻炼，对如何组织大规模的桥梁建设、如何配备足够齐全的施工设备、如何进行艰难的水下基础施工乃至打桩、防渗、拼架、灌注、封底等具体的技术操作都积累了宝贵的经验。也许正是考虑到了该桥建设的重要性，在建设过程中，从中央到地方都

江汉桥施工时的情景

建成后的江汉桥全景

给予了高度重视。当时的铁道部部长滕代远曾亲临工地指导。

江汉桥于 1955 年 12 月 25 日竣工，12 月 31 日举行了江汉桥通车典礼。也许是因为新中国刚成立不久，也许是因为第一次举办这种典礼经验不足，会场布置显得过于简单，但市民的情绪兴奋激昂，因为世世代代被汉水阻隔的历史将要终结。典礼当天，从汉阳月湖街到汉口武胜路，彩旗飘扬，人群欢腾，无数人翘首踮脚，急切地盼望着宣布通车的指令下达。通车典礼第二天是 1956 年元旦，走过江汉桥成了武汉市民节日里最高兴、最值得骄傲的事，也是汉口、汉阳无数家庭节日活动的内容。

江汉桥是长达 1500 千米的汉水上出现的第一座公路桥，也是武汉三镇首次出现的大规模的现代桥梁，其建成标志着伟大的万里长江第一桥的建设正式拉开了序幕，标志着武汉为江水所阻隔的历史即将结束。正因为有如此重大的意义，毛泽东才会在江汉桥通车后不久欣然为其题写桥名。

江汉桥处于武汉交通的咽喉要道，承担着重要而繁忙的交通任务，至今仍旧没有卸下重担。1986 年 11 月，武汉市人民政府对其进行了加宽改造，历时一年半始完成。加宽后，桥两侧各增建了低于桥面的宽 7 米的非机动车道和人行道，原桥桥面仅供车辆通行，稍微缓解了一下交通拥堵的状况。

2005 年 2 月，市政府投资 1 亿多元，对该桥进行了一次大规模的维修。维修后的江汉桥得到了加固，解决了桥与地面连接处存在的弊病，提高了桥的承载能力，桥面选用抗热、抗冻、防噪、防尘、防滑的沥青，对人行道及检修道做了防水处理，给主桥钢梁安了挡雨装置，对桥的外观也进行了美化，使之与武汉长江大桥更加协调一致。桥的栏杆换成了铸铁雕花栏杆，路灯杆修长洁白，桥身涂上了浅灰色的油漆，桥面桥身安置了景观灯。最值得一提的是，桥的两端建起了 4 座标志性的建筑物。建筑物的基座上镌刻着毛泽东题写的“江汉桥”桥名和“1956”这一表示建成年份的数字。原来的“江汉桥”桥名是悬挂于该桥的上下游两侧的，现在将桥名镌刻在标志性建筑的基座上，十分醒目，过桥者一眼就能看到，为这座桥梁、为整座城市都增色不少。

四座标志性建筑似航标灯塔，其寓意是江汉桥在这座城市、在整个国家桥梁建设史上起着引航的作用。

江汉桥是无愧于这一荣誉的！

（文 / 余启新）

江汉桥位于龟山脚下，连接汉口武胜路和汉阳琴台路。

高山流水遇知音

——武汉知音桥

2000年，已通车20多年的江汉二桥被命名为“知音桥”，这是为了突出武汉知音文化的人文属性，营造“高山流水觅知音”的文化氛围。

知音桥位于汉口建一路与汉阳郭茨口（古代叫郭师口）之间，是一座预应力钢筋混凝土桥，中孔135米，两边各有5孔，共11孔。桥长566.2米，桥面全宽26米，净宽25.5米，两侧人行道各为2.25米，双向共4车道。桥上可通行汽-20重车和100吨大型平板车，重车道上可行走150吨大型平板车，该桥建成时是武汉地区桥梁主跨度最长、承载力最大、桥面最宽的钢筋混凝土桥。

1973年2月，大桥工程局提出《江汉二桥方案研究报告》；同年7月，国家计委批准计划任务书；8月，完成初步设计文件；11月，国家建委批准初步设计。据此，武汉市成立了工程指挥部，进行技术勘测和编制施工设计文件。1978年4月，大桥建成通车。

这座桥主跨是135米的预应力钢筋混凝土T形悬臂结构，位于河槽的两个T形墩柱是对称式钢筋混凝土空心桥墩，引桥部分的桥墩和两个桥台是钻孔灌注桩基础。桥面底层是16厘米厚的沥青混凝土，面铺2厘米厚的沥青砂。两侧人行道高于车行道40厘米。整座桥混凝土使用总量为35460立方米，实用钢材3083吨，工程总投资2500.5万元。

知音桥建成后，开辟了汉阳与汉口之间的第二条通道，分流了江汉桥的车辆，

知音桥（陈金 摄）

有效缓解了市内交通拥堵状况。知音桥南接 318 国道、汉阳大道、汉蔡路，北接解放大道、建设大道，使汉阳的知音桥地区由城郊快速发展成为新的城市中心，为汉阳城区西扩创造了条件，为该地区成为汉阳第二个市级商业中心区创造了条件。同时，也为武汉经济技术开发区选址汉阳发挥了重要作用。

进入 21 世纪后，随着城市的发展，知音桥的通行能力已不适应需要，逐渐成为二环线上的交通瓶颈。2015 年，武汉市对这座桥进行了拓宽改造，扩成双向 6 车道。

（文 / 郑义华）

知音桥位于汉口建一路与汉阳郭茨口之间。

似月如琴寄星云

——武汉月湖桥

月湖桥又叫江汉四桥。说到月湖桥，没有来过的人会望文生义，以为它是月湖上的一座桥，其实不然。月湖桥是武汉建造的第三座汉江公路桥，前用名“隆汉大桥”，由于建在月湖旁边，所以通用名称为“月湖桥”。

江汉四桥是连接汉阳区与硚口区的过江通道，南起二环线，上跨汉江水道，北至硚口路辅路，也是武汉市西部城市主干道路的组成部分。

江汉四桥始建于1994年8月12日，1998年3月6日完成主桥合龙工程，1998年5月1日通车运营。桥式为独塔不对称扇式密索预应力砼箱斜拉桥。主塔高110.5米，位于汉阳。塔形高耸挺拔，显示出一种直指蓝天向高空伸展的态势。主跨232米，是国内首创；桥面净宽18.5米，设4车道及人行道。1998年5月1日建成通车，北起汉口闹市区，连通汉正街商业区，缓解了江汉桥和知音桥的交通压力。2000年，江汉四桥获国家设计铜奖。

江汉四桥于2018年完成拓宽改造工程。工程总投资3.06亿元，线路全长1126.623米，主桥全长370米主线按城市快速路标准建设，设计时速60千米、设双向6车道。地面辅道按城市次干路标准建设，设计时速40千米、设双向4~6车道。

拓宽改造后的江汉四桥更加美观。拓宽改造过程中对已运营20年的旧桥进行了全面检修，对发现的病害进行了处理，为保持新旧桥统一，对旧桥进行了全

2018 年 8 月 31 日，武汉新月湖桥正式通车，桥面由原来的双向 4 车道拓宽为 8 车道，通行能力倍增，缓解了二环线和内环线的交通压力（任勇　摄）

面美容。大桥主塔和斜拉索采用月白色，箱梁和栏杆采用淡蓝色，整座桥梁看起来美观雅致，与蓝天白云及周边的高楼风景和谐相融。

拓宽改造后的江汉四桥更加人性化。拓宽改造后的桥功能更全，除了能满足正常的车辆通行需求外，还充分考虑到行人和非机动车的通行需求。为方便两岸居民徒步和骑车过江，上下游两侧分别设置了 3.5~4 米宽的人行道和非机动车道。

拓宽改造后的江汉四桥桥面更宽，通行能力倍增。拓宽改造后的桥由原来的双向 4 车道改为双向 8 车道，桥面宽 47 米，是武汉市汉江上现已通车的公路桥梁中最宽的大桥。拓宽后，通行能力也实现倍增。为此，与月湖桥相连的梅子山通道也进行了扩容，在原先 4 个洞的两侧各增加了一个洞，两个新通道内都包含两车道和人行道、非机动车道，将缓解此处车辆拥堵的状况。

拓宽改造后的江汉四桥使两岸交通更便利。在琴台大道与江城大道交叉口，原先是地面段，车辆需在此处等红绿灯。为提高通行效率，新建江城大道下穿琴台大道地下通道，汉口、汉阳过桥车辆经此处直接下穿，无须再等红绿灯。

江汉四桥的旧桥主塔位于汉阳侧，为单塔斜拉结构，下游侧新建了一座同样

月湖桥

的斜拉主塔，位于汉口侧，两座主塔就像一对站在汉江两侧的“孪生姊妹”。这条快速路的通车，不仅方便了汉口、汉阳两地居民快速出行，也实现了原有月湖桥通行能力的倍增，解放大道和中山大道车辆可经月湖桥到达汉阳知音大道和江城大道方向，进一步为知音桥和江汉桥“减负”，大大改善了汉口、汉阳中心城区道路通行条件，提升了城市形象，促进了沿线地区经济建设和发展。

大别山头湖似月，小军山下月如湖。月湖桥上拨琴弦，汉江颂歌寄星云。

（文 / 陈红梅）

月湖桥位于汉阳江城大道和汉口硚口路之间。

沧浪之水至大别

——武汉晴川桥

过去汉水入江口没有桥，两岸往来不方便，后来有了轮渡。改革开放以后，桥梁界的有识之士呼吁在南岸嘴修建一座桥，以方便市民过江。过了十几年，古老的汉水入江口终于出现了一座下承式钢管混凝土系杆拱桥，就是晴川桥。

拱桥是一种既古老又年轻的桥梁型式。可以说，中国是拱桥的故乡，中国古代的桥梁多半是拱桥，如隋代李春建造的赵州桥即是敞肩式石拱桥，它是中国古代桥梁的杰出代表。在当代，拱桥作为主要的几种桥型之一，仍旧充满活力与生机，而且随着科学技术的进步，在结构形式和构筑方法上也不断向前发展。

钢管混凝土拱桥属于当代拱桥的一种，1930 年苏联首次建造，中国也从 20 世纪 90 年代开始建造这种拱桥。它的优点在于跨越能力和适应能力强，承载能力大，而且经济合理，施工快捷，外形美观。由于修建时可避免高墩、高塔，上下部结构能同时施工，可有效缩短工期，是施工场地不宽敞的崇山峻岭或繁华城镇理想的桥型。武汉属于较早采用此类桥型的城市，且晴川桥在同类桥梁中具有下承跨度大、结构新、技术含量高的特点。

晴川桥的国际橘钢管拱恰似一道绚丽的彩虹，为江城武汉增色不少，为长江沿岸增添了新风景。由于处在特殊的位置，桥下，两江交汇，波涌浪激；桥上，楚天寥廓，湛蓝如洗。近看，一桥在侧，龟山吐翠；远眺，蛇山逶迤，名楼入云，这里形成了最能体现江城特点的景观。

从桥型来看，晴川桥造型独特，它的建成使汉水上的桥梁增添了新样式，显得更加丰富多彩，有钢桁梁桥、钢桁架拱桥、预应力混凝土 T 形刚构桥、斜拉桥、钢管拱桥等类型，像一个小型桥梁博物馆。

晴川桥位于汉江与长江交汇处上游约 500 米，连接汉口集家嘴和汉阳南岸嘴，它是“九五”计划期间武汉市市政建设的重点工程项目。1997 年 12 月开工，2000 年 12 月竣工通车。日通行能力为 3 万辆。大桥工程总投资 5.2 亿元，其中桥梁工程投资约 2.2 亿元，两岸配套道路投资约 3 亿元。

晴川桥在当时国内的同类型桥梁中，跨度最大，结构最新，技术含量最高。桥长 939 米，主桥净跨 280 米，净高 56 米，全长 302.9 米，桥面宽 26.4 米，其中行车道宽 15 米，设双向 4 车道。主桥荷载为汽车 –20 级，设计时速 40 千米。桥两侧各设 2 米宽的人行道。

大桥北起汉口中山大道友谊路口，南至汉阳铁门关，桥的两端分别通过匝道接入汉口沿江大道和汉阳的洗马长街，通过洗马长街可通达汉阳大道、拦江路和鹦鹉大道。

晴川桥汉阳桥头附近的景点有武汉长江大桥、江滩公园、莲花湖、龟山、晴川阁、大禹神话园、铁门关等。晴川桥与这些景点协调一致，构成了“两江交汇，极目楚天”的城市景观。这座桥的建成，又打通了一条连通汉口和汉阳的交通线，缓解了过江交通压力，改变了六渡桥、汉正街、南岸嘴的面貌，促进了龟山旅游事业的发展，为商品流通和旅游业发展提供了交通设施和景观标志。

从色彩来看，晴川桥的栏杆采用灰色，桥拱颜色则是“国际橘”，这种颜色特别鲜艳，此前本地的桥梁很少用。

晴川桥使用了系杆，在上下游行车道与人行道之间，各对称平行布设了 20 束系杆，共计 40 束，锚固于主桥拱座，系杆安放在钢箱内，其上用钢盖板、混凝土板加以双重保护。

大桥建成后，90% 的水平荷载由系杆承受，10% 的水平荷载通过钢管拱传递给拱座，最后由桩基承受，系杆是主桥的生命线，非常重要。

系杆施工是钢管拱完成后的一项重大项目，也是大桥建设的最后一项工程，

晴川桥全景（任勇　摄）

施工环节多，技术要求高，施工时间长，关系到大桥整体的施工技术水平。

现在，人们在龟山上向北眺望晴川桥，那是满眼的风景，桥、汉江、水上的船只、两岸的建筑，还有不远处奔腾的长江，令人感受到一种别样的意境。

（文 / 郑义华）

晴川桥位于汉江与长江交汇处上游约 500 米，连接汉口集家嘴和汉阳南岸嘴。

鸿雁长飞光不度

——武汉长丰桥

“江水侵云影，鸿雁欲南飞。”这是宋朝著名的理学家、教育家朱熹《水调歌头·隐括杜牧之齐山诗》中的一句，用它来形容汉水上的一座桥，最为形象不过，不过这里的“鸿雁”是一座桥，那就是江汉五桥。

江汉五桥又名长丰桥，2001 年通车，是武汉城区汉江上的第五座公路桥，也是武汉市三环线西段跨越汉江的一座特大桥，位于东西湖区舵落口与汉阳区黄金口之间，是三环线的西环线主体工程。

长丰桥（杜俊军、吴迪、杨琳 摄）

长丰桥外形宛若“飞雁”，横跨汉江（杜俊军、吴迪、杨琳　摄）

长丰桥是一座拱桥，全桥长 1130 米，其中主桥跨径 252 米，边拱跨径 60 米，桥宽 27 米，设双向 6 车道，主桥采用带半拱边跨的中承式钢管砼系杆拱桥，整体外形如同“飞雁”，造型独特、生动，极富美感。主跨长为国内同类桥梁之首。

长丰桥是武汉三环线上的三座大桥之一，另两座大桥为跨长江的武汉白沙洲长江大桥和武汉天兴洲长江大桥。“鸿雁长飞光不度，鱼龙潜跃水成文。”每到晴天，夜幕降临时，长丰桥宛如一幅淡雅的水墨画呈现在江面上，让人感受到春江花月夜的清幽意境之美。

长丰桥的建成，又把 107 国道、318 国道与武汉市三环线连为一体，不仅大大分流了武汉市的过境车辆，减轻了市区交通压力，而且有利于带动武汉经济技术开发区、吴家山台商投资区及舵落口综合批发市场的建设与发展，进一步发挥了武汉在全省的“龙头”作用和中心城市的经济辐射作用。正如“长丰桥”的名字一样，通过了这座桥，也就走上了一条长盛丰收之道。

（文 / 陈红梅）

长丰桥位于东西湖区舵落口与汉阳区黄金口之间。

铁龙一掷九万里

——蔡家湾汉江特大桥

“铁龙一掷九万里，银桥冉冉行秋水”，说的是汉江武汉段的第二座铁路桥，而且是高铁桥——蔡家湾汉江特大桥。

蔡家湾汉江特大桥（杜俊军、吴迪、杨琳 摄）

蔡家湾汉江特大桥位于武汉市东西湖区与蔡甸区之间，为双线一级铁路桥，是汉宜铁路重点控制性工程。大桥全长 9208.67 米，是汉宜铁路东西湖梁场、吴家山铺轨基地向仙桃方向架梁、铺轨的交通要道。大桥于 2010 年 4 月合龙，工期仅 21 个月。

汉宜高速铁路东连武（汉）合（肥）高速铁路，西接宜（昌）万（州）铁路，全长 293 千米，设计时速 200 千米，以客运为主，兼顾货运。

汉宜铁路于 2008 年 9 月 18 日全线开工，2012 年建成通车，与宜万铁路、武合高速铁路一道构成沪汉蓉沿江铁路大通道。

从这里乘高铁可以直通成都，也就是古代的“锦官城”，但古时候是“蜀道难，难于上青天”。曾有《明皇游月宫歌》曰：“崎岖万里锦官城，此身曾作银桥行。”如今坐高铁只需花几个小时即可到达成都，这其中“铁龙”功不可没。

（文 / 陈红梅）

蔡家湾汉江特大桥位于东西湖区与蔡甸区之间。

蓝桥之上有佳人

——古田桥

在汉江武汉段，有一座蓝色的桥，名为“古田桥”，它原名“江汉六桥”，又因桥身为蓝色，融化了少女的心，在网上也被称作“仙女桥”。

古田桥位于知音桥（江汉二桥）和长丰桥（江汉五桥）之间，南起汉阳区汉阳大道，接老汉沙公路，北止硚口区解放大道古田二路，是武汉市西部城市主干道路的组成部分。

古田桥的两座主塔设计成两座恢宏的拱门（杜俊军、吴迪、杨琳　摄）

古田桥以蓝色为主调（杜俊军、吴迪、杨琳　摄）

古田桥于2012年11月3日动工，2015年2月16日通车，线路全长3050.1米，主桥全长2953米。桥面为双向8车道城市快速路，并设有人行道和非机动车道，机动车道设计速度为60千米/小时，工程总造价15亿元。

古田桥的整体布局由水上主桥、两岸引桥、两座塔柱及各立交匝道组成，主桥路段呈西南至东北方向布置。两座主塔在桥面设计成两座恢宏的拱门，采用淡普鲁士蓝色的凯旋门式造型，在拱门顶部中央，镶嵌着一个镂空的武汉市花——梅花造型，展现了武汉市的地域文化特色。

古田桥特有的蓝色调，清新且别致，既有小家碧玉的诗情画意，也有端庄大气的仪态雄姿。桥身外形隽秀，设计精美，如同披着淡蓝色的外衣，静置于汉江湾，日观曲水，夜望星光，落雁为邻，锦鲤做伴。

古田桥为双塔双索面自锚式悬索桥，是武汉市首座自锚式悬索桥。主梁为钢混结合梁，采用在钢梁上铺装桥面板形成主梁结构，两侧增设混凝土箱梁为锚跨。主缆在散索套处分散并锚固于锚跨混凝土箱梁后锚面上，主塔下塔柱为混凝土塔柱，中塔柱为4个塔肢组成的格构式塔柱，塔顶设置混凝土塔顶及钢横梁。

古田桥两侧长杆路灯采用了环保灯型，每隔一定距离装设一盏，照明车道；

同时主塔及吊索装设蓝色 LED 灯，照明桥体。

古田桥的通车有利于把汉江滨水商住带打造成集商贸、商务、商住于一体，凸现江城滨水特色的经济生活带和城市景观带，全面融入武汉“两江四岸”协调发展之中，这也是实施区域可持续发展战略的需要与改善投资环境和生活环境的需要。

古田桥像是一首诗文，写不尽汉水曲韵。于此，你会感受到武汉的另一面——在大江大河之畔，亦有小巧雅致、山色青青、水涟淡淡的景致。

听说日子久了，桥就有了自己的语言，有了自身的性格。古田桥静卧在江汉湾旁，正用自己的方式，表达生活之美。

古田桥整体色调清新优雅，温柔浪漫，厚重粗犷的钢筋桥梁和淡雅的蓝色结合得毫无违和感，反而使古田桥“气质”出众，瞬间晋升为网红大桥，成为拍照佳处！

漫步在这座桥上，你会想起唐朝的一句诗：“蓝桥便是神仙窟，何必崎岖上玉清。”英伦范 + 江南韵，这是值得“打卡”的一座大桥！

（文 / 陈红梅）

▍古田桥位于知音桥和长丰桥之间，南起汉阳区汉阳大道，北止硚口区解放大道古田二路。

友谊金桥通四海

——中法友谊大桥

中法友谊大桥是湖北首座矮塔单面双排斜拉索桥，也是武汉唯一名称有国际范的大桥。

中法友谊大桥原本暂名为三官汉江公路大桥，但因该桥连接了中法两国政府联手向世界推出的国际城市可持续发展范例——中法武汉生态示范城项目，为纪念中法两国尤其是武汉与法国之间的友谊，故新命名为中法友谊大桥 。

中法友谊大桥南岸连接蔡甸区三官村、知音湖大道，可辐射武汉经济技术开发区（汉南区），北岸接东西湖区胡家台村、惠安大道及107国道。大桥是中法武汉生态示范城首个启动项目，也是汉江上的第七座公路大桥，未设ETC收费，不限单双号。

在蔡甸方向上桥处，可见取意“高山流水遇知音”的雕塑下刻有“中法友谊大桥”几个大字。从远处眺望，桥塔造型如一把竖琴，大桥斜拉索如琴弦斜挂，寓意知音文化。

中法友谊大桥为矮塔单面双排斜拉索桥，主桥和两岸接线全长7千米，2个主塔均高47米。蔡甸区段4.391千米，其中主桥长430米，引桥长813米，接线长3148米，按一级公路兼城市主干道功能设计为双向6车道，主桥及引桥宽33.5米，接线路基宽50米，设计行车速度为80千米/小时。工程总工期42个月，施工期36个月，2015年11月9日正式通车。

中法友谊大桥作为中法武汉生态示范城的新起点，拉近了中欧（武汉）班列

中法友谊大桥（杜俊军、吴迪、杨琳　摄）

铁路中心站到蔡甸区的距离，为中法武汉生态示范城构建起一条国际物流通道，同时串联起了中法武汉生态示范城和东西湖临空港经济区，使两地车程较此前缩短三四十分钟。

2018 年，在尊重原规划、尊重科学，兼顾人民群众过桥通行需求的基础上，中法友谊大桥又建设了桥梁安防设施应急工程。一、增设隔离墩。在机动车道外侧增设钢筋混凝土隔离墩 1790 个，将机动车道与非机动车道隔开，方便行人和非机动车通行，人车分流保障安全。二、桥梁纵坡段增设减速振动标线和彩色防滑路面。在机动车道下桥纵坡段铺设彩色防滑路面 4500 平方米，施划振动标线 505 平方米，降低车辆打滑事故风险。三、设限速限高限载标识。在两端引桥段适当位置安设超速抓拍监控系统，增设限速、限高、限载警示标识。四、建立蔡甸区“五桥一隧”综合监控系统。建立中法友谊大桥、高湖大桥、白莲湖大桥、九康大桥、星光大桥和马鞍山隧道“五桥一隧”的监控系统及室内大型显示屏，路政人员可远程掌握桥隧实时运行动态。

“朋自远方来，香槟诚相待。”“高山流水遇知音，友谊金桥通四海。”中法友谊大桥，一座连接中法友谊通向生态的大桥。

（文 / 陈红梅）

中法友谊大桥位于蔡甸区三官村、知音湖大道附近。

佳期忍顾鹊桥路

——蔡甸汉江大桥

简洁、明了、快捷，稳立于汉江上，运送着南来北往的车辆和客人，这就是蔡甸汉江大桥。

蔡甸汉江大桥为京珠高速公路过汉江的一座重要桥梁，其南岸为蔡甸区，北岸为东西湖区，桥轴线在蔡甸汉江汽渡下游约200米处。大桥全长1607米，由

蔡甸汉江大桥（杜俊军、吴迪、杨琳 摄）

双向4车道国道主干线和2车道农用道分离式两幅并行桥梁组成，主干线宽28米，农用车道宽8米，主桥孔跨布置为110+180+110米，主跨为180米的三向预应力混凝土变截面箱型连续刚构。工程造价约1.4亿元，2001年通车。

蔡甸汉江大桥施工监测监控及技术研究科研成果已由专家鉴定为国内领先水平，解决了大跨度预应力混凝土刚构桥施工控制技术难题。

蔡甸汉江大桥也是武汉绕城高速外环公路过汉江上的一座重要桥梁，不仅如此，它还是一座象征爱情的鹊桥。以前因为汉江阻隔，蔡甸区和东西湖区两边能隔江相望，但很少有通婚的。蔡甸的姑娘不愿意嫁到东西湖，东西湖的小伙也不乐意娶蔡甸的姑娘，但自从桥通车以后，两边的青年男女约会就方便多了，结亲家的自然也多了！

“纤云弄巧，飞星传恨，银汉迢迢暗度。金风玉露一相逢，便胜却人间无数。柔情似水，佳期如梦，忍顾鹊桥归路。两情若是久长时，又岂在朝朝暮暮。”关于这座桥演绎的新传奇，宋朝秦观的诗词《鹊桥仙》正是最为动情的写照！

（文／陈红梅）

▍蔡甸汉江大桥位于蔡甸区博奇路。

斜拉身姿舞翩跹

——武汉四环汉江大桥

“高速双塔双索面，伟岸身手昂立天。傲视车水马龙过，斜拉身姿舞翩跹。”这就是对亚洲同类最宽预应力混凝土斜拉桥——武汉四环汉江大桥形象而又诗意的赞美。

武汉四环汉江大桥（杜俊军、吴迪、杨琳 摄）

武汉四环汉江大桥又名九通汉江大桥，是武汉四环线过汉江大桥，位于武汉西四环线吴家山至沌口段，桥址起于东西湖区十一支沟临江处，跨越汉江，止于蔡甸区汉阳监狱，北岸为东西湖区鱼门村，南岸为蔡甸区胡家台村，连通东西湖区和蔡甸区，是湖北省第一条双向 8 车道高速公路环线的枢纽工程。

该桥为双塔双索面预应力混凝土梁斜拉桥，主塔高 130 米，主跨 360 米，主桥全长 714 米，总宽 44 米，双向 8 车道，设计时速 100 千米。主梁采用双边箱“π”形截面，中间无底板，主梁宽 44 米，宽度居世界在建和已建同类型桥梁之首，2017 年 6 月与西四环同步通车。

作为武汉西四环线的控制性工程，汉江特大桥的建成能进一步完善武汉“环线 + 射线”的路网布局，增强市区过江通道的能力储备，还能发挥路网整体功能，缓解绕城公路与三环线的交通压力，并有效衔接新城组群的交通枢纽、物流园区及产业园区，极大增强了周边物流运输能力。

经过武汉四环汉江大桥，可以欣赏一路风光。你可以向西畅行至后官湖大桥看鸥鹭展翅，向北过府河大桥观江堤风光，再前行到青山长江大桥赏天兴洲晚霞美景……总之，从这里出发，武汉四环线一路是美景。

（文 / 陈红梅）

▍武汉四环汉江大桥位于武汉西四环线吴家山至沌口段，连通东西湖区和蔡甸区。

汉江弯道架新桥

——汉江湾桥

古老汉江的武汉主城区又增添了一座公路桥，而且是一座别致新颖的钢结构桥梁，即江汉七桥，正式名称是“汉江湾桥”，于 2017 年 9 月开工，2021 年 5 月 1 日建成通车。

汉江湾桥跨域汉阳和硚口，距下游的知音桥 1.2 千米，距上游的古田桥 2.6 千米，大桥主线北接古田四路，向南与解放大道、沿河大道相交，跨越汉江后，与琴台大道相交，顺接玉龙路。大桥全长 2754 米，其中主桥长 672 米，主跨 408 米，位居国内同类桥梁第二。桥面总宽 52.5 米，双向 6 车道，预留远期双向 8 车道条件。

汉江湾桥的主桥上部结构采用三跨连续中承式钢桁系杆拱桥，钢材总重 28867 吨。拱肋间设置菱形平联和横撑，空间结构优美，采用“工业灰”的色彩。在主墩支点处修建了 4 座桥头堡，为钢筋混凝土结构，设置了楼梯和电梯，大桥建成后，作为检修通道。它们像忠实的卫兵一样，拱卫着这座大桥。同时，桥头堡也是一道风景，与两岸的环境自然融合。

汉江湾桥通车后，对促进武汉“两江四岸”协调、可持续发展，助力武汉经济的疫后重振，减轻二环线过汉江的交通压力具有极大意义。在硚口、江汉、东西湖、汉阳和经开五个区之间形成了便捷的交通网络，能加快促进这些地区经济的交流与发展，对促进古田、黄金口、龙阳地区及沿线地区的经济建设发挥了重要作用。另外，它丰富了武汉的桥梁构造类型，也为城市增添了一道新风景。在

汉江湾桥

古田桥和知音桥之间，人们又看见一座充满时代气息、俊朗大方的桥梁，“会心处不必在远”，这时也许有人会突然记起一句现代诗——“你装饰了别人的梦”，这个梦不是别的什么，它是人们对大武汉的江河上架起更多桥梁的热烈期待。

（文 / 郑义华）

汉江湾桥跨域汉阳和硚口，距下游的知音桥1.2千米，距上的古田桥 2.6千米。

第四篇

长虹卧波美——湖泊上的桥

武汉的桥，以湖泊为襟，在拓展城市功能的同时也装扮了城市。东湖大桥、沙湖大桥、后官湖大桥、黄家湖大桥、墨水湖大桥……它们使水陆相融，自然和谐。如今在武汉，湖泊上的浩渺烟波与各式桥梁的英姿，已成为城市最美的风景和最亮的名片。武汉是“百湖之市”，湖泊上的桥也是“桥都”的重要组成部分，东湖、沙湖、严西湖、野芷湖、南太子湖、汤逊湖、月湖、莲花湖、墨水湖、后官湖、金银湖、后湖等已是“一桥飞渡，长虹卧波”。如果说湖泊是武汉的明珠，那么桥梁就是湖泊的项链，它们不仅为湖泊锦上添花，而且让城区交通变得越来越便捷，让居民的生活更加多姿多彩。

美哉，东湖

——东湖的桥

武汉四季分明，山水更是秀美，景观四季各有意趣：春来山青水绿，鸟语花香；入夏荷香柳绿，浓淡相宜；秋赏漫山红叶，丹桂飘香；冬看白雪红梅，候鸟竞翔。而城东的东湖，则是集武汉山水美之大成之处。不到东湖，又怎知武汉风景竟如人间仙境！水鸭、山雀、白鹤、清风、袅雾、波纹、远山、朝霞……好美的一片湖面。

沿着树木葱茏的绿道漫步，道路两旁挺直的水杉、鲜嫩的青草，使得满目一片幽绿。左手边是一片静静的湖面，右手边还是一片静静的湖面。波光粼粼中，几只水鸟在嬉戏，让人的心也融化在这秀色里。

连接东湖百般清秀的，就是那千姿百态的桥。没有这些桥，又怎能看尽湖光水色、天然韵致？

东湖的桥，都算不上宏伟高耸，形制也不奇特，却清秀雅致。就是那一座座玲珑的石桥，缀连着绿道，令东湖更添秀美。而清澈的湖水，也把小桥映衬得格外娇媚。畅游东湖，就应从那一座座体现着浓郁楚风楚韵的小桥开始。

去东湖，人们大多都会先去听涛景区，这里是东湖最早建成开放的景区。景区中的景点行吟阁是为纪念楚国诗人屈原而建。行吟阁四面环水，由荷风、落羽两座秀美的石拱桥与陆路相连。

荷风桥位于行吟阁南侧，附近水域遍植莲藕，每当荷花盛开时，阵阵清香飘散在空中，给人荷风送爽的快感，故将此桥取名“荷风桥”。

荷风桥

落羽桥位于行吟阁北侧。相传唐贞观年间，回纥特使缅佑高挑选了一只白天鹅送给唐太宗。途经东湖时，白天鹅“嘎嘎”直叫，缅佑高就打开笼门，想用湖水为天鹅洗尘。不料，天鹅却飞向湖心，只飘下几根洁白的鹅毛。他只好将鹅毛用绸缎包好，赶赴京城，向唐太宗说明途中遭遇。唐太宗认为“千里送鹅毛，礼轻情义重”，于是收下了礼物。因为这个美好的传说，后人就在这里修建了“落羽桥”。

落羽桥

过濒湖画廊，便是东湖的碧潭观鱼景区。碧潭观鱼的水面开阔，无数色彩斑斓的鱼儿畅游其间。而正是那“曲折漫长”的贴水曲桥使游人得以近距离观赏各色鱼儿，而且，曲桥还连接着两岸多座亭台楼榭，游人到此顿觉心境一新。

观鱼曲桥

过梨园，到楚风园，三孔

微雨桥

照影桥

九女墩桥

石拱桥微雨桥悄然出现。在绿柳的映衬下，这座玲珑秀美的白色直坡石桥格外醒目，不少游人纷纷驻足与之合影留念。

微雨桥附近的东湖岸边，还有一座石梁桥更令游人瞩目，那便是照影桥。站在平坦的桥面上，左可远眺波光粼粼的大美东湖，右可欣赏景区的小桥流水，景色美不胜收。这座楚风浓郁的小桥造型古朴，灰色望柱，白色桥栏，相得益彰。石墩两侧各雕有一吞水兽，更添古风，情趣无限。

湖心长堤，是东湖的又一道别具特色的风景。长堤绵延数千米，蜿蜒曲折，两旁是高耸参天的树木，满目皆是郁郁葱葱。行走其间，清幽之感袭来，令人顿时忘记了都市的喧嚣和浮躁。

信步走上长堤，大口呼吸着沁人心脾的清新空气，两侧湖景清秀，令人目不暇接。过九女墩，就见到了石砌的九女墩桥。这座历经半个多世纪的石桥，记载了人世的沧桑。

九女墩桥建于1967年，桥长36米、宽7米，为单跨双曲拱桥，结构虽简单，却雅致大方。尤其是在月明之夜，微波荡漾之中，月影映于桥孔，别有一番勾人心魄的娇媚。

渔光桥

紧连着九女墩桥的是渔光桥，这座九孔双曲石拱桥造型流畅，有如龙跃碧波，又似长虹卧波，伴着清澈的湖水，为东湖美景添彩。

梨园桥

小巧的梨园桥则为单孔平肩造型，与近旁的渔光桥形态迥异，愈发独特，令人不由驻足，扶栏远眺湖光山色，指点山河。

桐杉桥

桐杉桥也叫幺沟桥，是连通郭郑湖和汤菱湖的一座小桥。东湖由郭郑湖、汤菱湖和团湖三大片水域组成。郭郑湖位于西侧，水域面积最大，人们大多称其为“东湖”；汤菱湖位于东侧，团湖位于南端，三片水域各有长堤相隔，又有多座桥梁连接。辅之以地下涵管，使得各湖湖水可以相互流动，湖水也可保持清澈。

湿地桥

桐杉桥两侧是东湖湿地公园，密集的落羽杉林中，几座造型简洁的栈桥飞跨其间。有贴水而建的混凝土板式平桥，有凌空飞扬的高架栈桥，也有匿于密林中的木拱桥，悄无声息地横跨湿地水洼和杉林。座座桥梁，形式各异，却又遥相呼应，相得益彰，令人耳目一新。行于桥上，远观近赏湿地美景，心旷神怡。

随着东湖绿道在东湖中迤逦而行，一座座桥有如绿色丝线把穿湖长堤串联在一起，把郭郑湖与汤菱湖连通起来。它们如长虹卧波，又如青龙戏水，为东湖增色无限。

湿地桥桥面

湖心亭旁的木质栈桥呈丁字形伸入湖面，站于其上，环顾四周，远山如黛，近水清澈，人随景动，心随景舒，东湖水天一色，渐次呈现，景象万千。

雁归桥，也叫二十三孔桥，位于东湖湖心岛东的绿道之上。因东湖原来芦苇丛生，是大雁每年冬季必到之地，故取名“雁归桥”。该桥长 186.9 米，宽 8.5

米，为23孔钢筋混凝土实腹式拱桥，跨径分别为3~7.4米，其中跨径3~5米的12孔为预制，跨径5.4~7.4米的11孔为现浇，基桩为500毫米水泥搅拌桩复合基础。

这座1992年建成的大桥优雅秀美，在浩渺的湖面上如长虹饮涧，其由23个拱券构成的波伏线，富有强烈的节奏感和韵律感，使水面空间变得层次丰富。

楚云桥是一座3孔石拱桥，位于东湖湖心岛东的绿道之上。该桥桥型平坦流畅，色彩明快，是一座十分成功的大型水面景观桥。

磨山桥位于东湖绿道上，旧桥为长22米的单跨拱桥，拱跨8米，桥宽6.56米，于1974年建成。由于该桥建成年代较早，设计等级偏低，无法满足日益发展的通行要求，于2016年重建，新桥长62米，有3跨。新桥保持了原桥的桥型，在桥的侧面粘贴了淡绿色花岗岩面

雁归桥

楚云桥

磨山桥

砖，两侧安装了花岗岩雕花栏杆。

过磨山桥，再过磨山，远远地就可看见清河桥。

清河桥

清河桥，古名请和桥，是连接磨山景区和落雁景区的景观桥。清河桥长150米，正桥为五孔连续两铰空腹拱桥，两侧引桥均为五孔连续两铰实腹拱桥，共15个拱孔，桥宽9米。主跨两侧共有四个观景平台，斜对称布置两座雕塑。

清河桥的建筑大量采用楚文化元素，桥栏中间有一仿湖北随州曾侯乙墓出土的双龙玉佩图案的仿真汉白玉雕刻，桥栏则是仿荆州出土的楚国龙凤图案的雕刻。

清河桥北端有一尊楚国神箭手养由基的巨大雕像，养由基弯弓搭箭，箭搭弦上。对岸桥头，则竖着三支黑铁巨箭雕塑。传说楚庄王时，斗越椒叛变。就在楚庄王困窘之时，年轻的养由基奋勇请战。他与斗越椒约定分别于桥的两侧各发三

鹊桥

箭，以定输赢。结果，养由基一箭射杀斗越椒。事后，养由基又替叛军将士求情，楚王同意赦免，将士们性命得保，都很感激养由基，就把桥改名为“请和桥”。后来“请和桥”变为“清河桥”。

站在清河桥上可远眺团湖落雁景区，岸边绿浪翻滚，湖面烟波浩渺，远山重重，极显东湖水美山美。

鹊桥位于东湖落雁景区，为单跨敞肩石拱桥。该桥以牛郎织女的民间故事为主题，在桥两端分别立有牛郎和织女的大型雕塑，暗喻天河为阻，使得牛郎织女被迫分离。全桥长 77 米，隐含牛郎织女得以在农历“七七”相会之意；宽 4.8 米的桥面上刻着 999 只喜鹊浮雕，交织成鹊桥。

环绕东湖一周，已是暮色四合，一群沙鸥还在湖面盘旋。抬眼望去，已是满城灯火。

（文 / 刘建华）

东湖的桥位于武汉市东湖生态旅游风景区内。

一湖荷花袭东沙

——沙湖大桥

沙湖大桥（弓应谦　摄）

“一湖荷花真妖娆，芬芳东沙傍大桥。”这是连通武汉“两湖”（东湖和沙湖）的一座桥，它叫沙湖大桥。

沙湖大桥位于武昌中心城区，起于友谊大道，止于中北路，于 2009 年 7 月 6 日开建，2011 年 7 月 28 日正式通车。全长约 2.6 千米，路幅宽 40~60 米，限速 60 千米 / 小时。

沙湖大桥是武汉第一座、全国第二座大悬臂展翅箱梁桥，速度感、力量感并存，桥面大气开阔，桥底造型则似艺术精品。它有 25 个桥孔，每孔跨径 43 米，24 个桥墩就像一只只大花瓶托起桥面。桥体犹如大鹏展翅，“鸟身”宽 10 米，“两翼”（悬臂）各宽 10 米，“翅膀”之间还有 500 个凹凸有致的“鸟巢”。

沙湖大桥也是武汉第一座配齐机动车道、自行车道、人行道和盲道的桥梁，桥上可开车、骑车、散步、观光，堪称“亲民桥”。

桥上机动车道宽约 20 米，为双向 6 车道，中间设隔离带。主桥两侧各有一条 2 米宽的非机动车道、一条 3 米宽的花岗岩步砖人行道（含盲道）。桥栏杆则

沙湖大桥（李永刚　摄）

晨晖中的沙湖大桥（秦炎　摄）

以硅锰铸钢、方管制成，被精心设计成各种精致的几何图案。主桥两端各设一组步梯，供行人、非机动车上下桥。

沙湖大桥也是一座景观桥。施工方用了 10 万平方米的涂料，将大桥从“灰姑娘”刷成“白雪公主”；用 1000 多盏路灯、栏杆上的水晶球灯、桥侧的轮廓灯，给大桥“戴上钻石”；桥墩、桥下方的 500 个“鸟巢”也装了 1000 多盏射灯，使大桥“明眸善睐”。桥上灯一亮，湖面倒映着灯光，大桥像游龙飞舞，因此它也被市民誉为“江城最美跨湖桥”。

沙湖大桥的建设，不仅仅起到了疏解长江隧道交通压力的作用，还带来了武昌金融、商业格局的变化。同时，武汉内环线变成“中”字形结构，武昌水果湖的车辆到汉口中心区不必绕行，可就近走沙湖大桥、长江隧道去汉口大智路，耗时仅需 10 余分钟。

沙湖的荷花也是武汉的一景，每年夏日是沙湖大桥最美的时候，荷花与大桥交相辉映，相得益彰，荷香弥漫沙湖，也蔓延到大桥之上，沁人心脾。

（文 / 陈红梅）

沙湖大桥位于武昌区，起于友谊大道，止于中北路。

春到莲花湖

——莲花湖的桥

汉阳莲花湖位于龟山南麓、长江之滨，其由东西两个小湖组成，中有陆岛相连，两个小湖分别叫作莲花湖和藕湖。

唐代之前，汉阳城南有南湖，是个“四望超然”的大湖。公元758年，诗人李白出游汉阳，偶遇故人张谓，众人共同在此月夜荡舟赏荷。李白在《泛沔州城南郎官湖》序言中写道：“乾元岁秋八月，白迁于夜郎，遇故人尚书郎张谓出使夏口。沔州牧杜公、汉阳宰王公，觞于江城之南湖，乐天下之再平也（平安史之乱）。方夜，水月如练，清光可掇。张公殊有胜概，四望超然，乃顾白曰：‘此湖古来贤豪游者非一，而枉践佳景，寂寥无闻。夫子可为我标之嘉名，以传不朽。’白因举酒酹水，号之曰‘郎官湖’。……乃命赋诗纪事，刻石湖侧，将与大别山共相磨灭焉。”自此，此湖便更名为“郎官湖”，并世代相传。

后来，由于疏于疏浚，到了明清时期，郎官湖大部分已逐渐淤积成平地，仅余临近长江边的两座小湖，野荷遍布，湖面几近湮没，就被人们改称为莲花湖和藕湖了。

1954年武汉长江大桥开始建设之时，整治了淤积的莲花湖，并在湖上修建了两座九曲桥，连接着一大两小对称分布的湖心亭。还在藕湖西岸沿湖修建了一座水榭。水榭为纯木结构，榭顶覆以树皮。

当时，莲花湖和藕湖在南端有水道相通。为了便于沟通两岸，参加修建武汉

莲花湖九曲桥

长江大桥的桥梁建设者参照《清明上河图》中的汴梁虹桥，修建了一座跨度约8米的木构虹桥。桥身高拱，涂以红漆，于绿荫之下，有如彩虹一般瑰丽俊美，成为公园里一道亮丽的风景。只可惜，后来莲花湖改造时拆掉了此桥。

春天，信步走进修葺一新的莲花湖公园，轻踏如毡般柔软的草坪，沐浴着清晨的阳光，享受着安谧、悠闲的时光，怡然自得。微风轻拂，满树的桃红李白，落英缤纷，有如飘飘花雨一般。湖水清澈，碧波微澜，山影倒映，水天一色。

莲花湖畔，只见回旋别致的曲桥，簇拥着三座袅袅婷婷的攒角飞檐桥亭。桥面迂回曲折，围以简易石栏，与绿水相映，使碧波粼粼的湖面更加秀美雅致。在九曲桥上，随着桥面的转曲，可观赏到不同角度的山水画面。曲桥之间，株株荷梗顶端绽出点点嫩绿。清风徐来，涟漪如縠，令人神清气爽，陶醉其间。

桥分九曲，看似简略平常，其实蕴涵着建设者美好的愿望。中华文化自古就有“九九归一”和“九五之尊”之说，均是对“九”这个表示吉祥、尊贵的吉数集中的概括。莲花湖的九曲桥不长，却曲折迂回，全桥有如盘龙屈曲，伸屈有致。桥身小巧，却寄淡雅于秀丽，寓隽秀于精巧。沿九曲小桥漫步，仿佛行走在水面之上。或环看湖光山色，或小憩歇息，无不令人享受着山水的悠闲和宁静。适逢春光明媚，倚栏临水，放眼远眺，波光潋滟，满目生辉；及至夏日雨后，空气清爽，湖面荷花盛开，朵朵粉红鹅黄，更是风月无边；如若秋高气爽、桂子飘香之时，与三两知己，于荷花丛中静赏明月，大有“掬水月在手，弄花香满衣”的景趣；冬季雪后初霁，白雪覆盖，桥水空蒙，更令人心旷神怡。

莲花湖的九曲桥，没有长江大桥那般豪放巍峨，也没有江南石拱桥那样高雅闲适，但它的精巧秀美、曲径通幽，给人留下了深刻的印象。

莲花湖和藕湖之间原来的水道被填塞，又新开辟了一条水道。绿荫掩映下，水道上架着一座轻盈精巧的石砌小桥，名曰小南桥。汉白玉桥栏，灰砖镶嵌，给人以恬静和清幽之感。

“朦胧花影月黄昏，着意春风入酒痕。”山水依旧，树木依旧，花草依旧，只是湖边多了一座巍峨的长江大桥，龟山顶上多了一座高耸入云的电视塔，倒映在湖中，这可是李白等文人雅士所没见过的。

莲花湖小南桥

朝阳水月，今古一样的光彩，静幽的莲花湖实在是个天赐的好处所。

（文 / 刘建华）

莲花湖的桥位于汉阳莲花湖。

月湖桥畔觅知音

——月湖的桥

从汉口过江汉一桥，迎面是葱茏翠绿的龟山。龟山西，就是波光粼粼的月湖。湖畔垂柳依依，随着微风轻轻摇曳。明媚的阳光透过柳枝，在堤岸洒下斑驳的倩影，行人在树荫下漫步，分外清爽。

走近月湖，只见湖水格外平静，湖面弥漫着一层淡淡的薄雾，别有一番韵味。

古琴台下是知音桥，这是一座通往湖心岛的白色拱桥。桥长 20 米，宽 4.5 米，为钢筋混凝土结构。两侧桥栏为汉白玉，桥墙外镶贴砂石。桥面采用剁斧石装饰，桥型优美。其与古琴台和周围的优雅美景互相映衬，相得益彰。站在桥上眺望烟波浩渺的月湖，顿感胸襟开阔。

回首南望，青砖垒砌的高台就是古琴台。

漫步于这座朴素无华的“天下知音第一台”，突然，从“高山流水”大堂内传出古琴悠长低沉的琴声，如天籁之音。不知不觉中，就陶醉在这从容典雅的美妙音乐之中。那清悠的旋律，仿佛把人带到远古，带到那个雨后初霁的夜晚，带到伯牙、子期邂逅的那一刻。那琴声犹如桥下潺潺的流水，又如孤鸿飞过时的清鸣，令人仿佛置身于高山流水之中。

离开琴台向西，沿着茂密的树林漫步前行。不远处又是一座白石三跨拱桥，一大两小三个半圆拱跨，桥身婉约秀美。

过石拱桥，走到湖畔，在连接天际的荷叶之中，藏着一座九曲木栈桥。走到

月湖知音桥

九曲桥上，身前身后是密密匝匝的荷叶，如同身处荷叶的海洋，朵朵荷花点缀在绿浪之上。粉红色如洗，艳盈欲滴；嫩白色似玉，清纯无瑕。阵阵微风吹过，芳香清新的气息扑鼻，丝丝清爽，沁人心脾，令人感到无比的舒畅。置身于这荷的世界，仿佛所有的凡尘俗念都被清清的水、爽爽的风荡涤得净洁如洗。南宋诗人杨万里的“接天莲叶无穷碧，映日荷花别样红”，不正是此景此意吗？

（文 / 刘建华）

月湖的桥位于汉阳月湖。

水光潋滟晴方好

——南太子湖大桥

由于城市路网建设范围的扩大和速度的加快，不少交通干线需要跨越湖泊，跨湖的桥梁建设成为一项新课题。这些大桥不仅要满足交通需要，还必须十分注重湖区风光和生态保护。已建成的南太子湖大桥等，较好地解决了这些问题。

南太子湖在汉阳区江堤街与武汉经济技术开发区境内，与北太子湖一起统称太子湖，系古汉水故道之一。据说，南太子湖是因长江涨水倒灌而形成，故又名“灌水湖”。

南太子湖与北太子湖两湖相连，一座大桥跨越南北，桥与湖自然地构成一幅图画。

南太子湖大桥是江城大道（梅子路）南端的一座跨湖桥梁，是武汉新区的标志性建筑之一。它北起汪家嘴，通往汉阳四新地区，南连武汉经济技术开发区的神龙大道，跨越江堤街境内的南太子湖，西距318国道约2千米。它是江城大道南端连接武汉经济技术开发区、四新地区和汉阳区的咽喉要道，使武汉经济技术开发区与汉阳城区的交通往来更为通畅。

大桥工程造价1.45亿元，于2004年10月动工，2005年10月竣工。桥长1175米，其中主桥长170米，桥面宽29.5米，双向6车道，设计行车速度每小时60千米。全部采用现场浇注，有31个桥孔。桥栏采用金属结构，显得灵巧，也很坚固。

南太子湖大桥

全桥混凝土实际用量约 44874 立方米，比初步设计用量 50703 立方米节省了 5829 立方米。钢绞线用量约 871 吨，比初步设计用量 1157 吨节省了 286 吨。总计节约工程投资近 1500 万元。

南太子湖大桥的设计方案综合了梁式桥、拱桥及 V 形刚构在景观上的特点，结构新颖，全桥简洁轻巧，连绵起伏，雄伟中透出秀逸，稳重中可见轻盈。湖泊自然景观与桥梁人工景观融为一体，形成了武汉新区一道新的城市景观。

为了适应龙阳胡、墨水湖、三角湖、南太子湖“四湖连通”，船游四湖的需要，大桥主桥采用连续拱形结构，有 31 个桥孔，包括两个长 50 米的连续主跨，能够通过游轮。

环湖的马路叫樱花路，路边绿化带较宽，与湖、桥组成了一个风景区。

（文 / 郑义华）

南太子湖大桥位于汉阳江城大道（梅子路）南端。

野趣横生汉阳景

——墨水湖大桥

墨水湖位于汉阳归元寺以西、汉阳大道以南，由太子湖、龙阳湖等湖泊汇集而成，湖面广阔，湖水墨绿，沙鸥翔集，锦鳞游泳。湖岸曲折，有大小湖湾十几个，在水位深度为 20 米时，面积可达 30 平方千米，盛产淡水鱼。

墨水湖大桥是汉阳江城大道（梅子路）的重要通道，北起汉阳区五里墩街的南端，接汉阳大道；东临武汉动物园；南至江堤街渔业村，通往汉阳四新地区至武汉经济技术开发区。此桥是江城大道中段的一座景观公路桥，连通了墨水湖南北两岸，拉近了四新片区与中心城区的距离，对于开发汉阳的旅游资源、连接汉口地区和武汉经济技术开发区，起到了重要作用。

墨水湖大桥于 2004 年 11 月开工，2007 年 10 月 9 日建成通车，工程造价为 23887 万元。

这座桥南北各有桥头堡两个，对称设计。桥全长 1614.7 米，跨湖面 1170 米，是中国城市中最长的跨湖桥梁之一。主桥长 536 米，桥下共有 19 孔，中间最大跨径 40 米，可供船只通行；桩基 588 根，最深处为水下 57 米；桥面宽 30.6 米，双向 6 车道，设计行车速度为每小时 60 千米，主要荷载等级为城 -A 级，两侧各设 2 米宽的人行道，还有非机动车道。

墨水湖大桥是连续梁装饰拱桥，采用 19 孔的拱桥造型，孔径大小和谐分布，表现出了拱桥传统的韵律美和弧线美，在宁静和谐的湖面景色中，充分展示了中

墨水湖大桥

国传统桥梁的美感。

墨水湖大桥的设计构造集中体现了墨水湖一带“文风墨影”的历史传说，在桥梁的艺术设计和建设中，融入了大量的荆楚文化元素。

墨水湖除了有昭明太子萧统编纂《昭明文选》时在湖里洗笔将湖水染黑的传说外，还有伯牙访友、刘备顿甲、李白赋诗、岳飞牧马的传说。墨水湖大桥主桥和引桥交界处的桥头堡分别以“研磨亭”“洗笔亭”“抚琴亭”“吟咏亭”命名。远观桥头堡，很像大型雕塑，其外观呈梯形，底座像方砚盘。

墨水湖大桥还将“昭明太子洗笔”的传说用一幅浮雕展示出来，雕刻在两个桥头堡之间的桥墩上。设有下湖步梯的联系两个桥头堡的下穿通道，为游人提供了一个亲水平台，游人可以在此处体验一把“下湖洗笔”，还能够经过通道到达桥梁的另外一侧。

在大桥的桥面上，每隔两块栏板就出现雕刻的“双龙戏珠”图案，依次排列，整个基调和谐、祥和，彰显了中华文化的魅力。

（文 / 郑义华）

墨水湖大桥位于汉阳江城大道（梅子路），连通墨水湖南北两岸。

坦荡通向生态城

——严西湖大桥

一座大桥，横跨严西湖，与花山生态新城相连，坦坦荡荡。大桥处在生态中心，桥南花香鸟语，桥北草长莺飞，桥上车水马龙，桥下鱼儿穿梭，这就是美丽的严西湖大桥。

严西湖大桥西起鼓架山，东至梅城路，全长约 2 千米，双向 4 车道。它向东对接花山大道，连通大武汉东部的花山生态新城、左岭新城和葛店地区，向西对

严西湖大桥（杜俊军、吴迪、杨琳 摄）

接三环线鲁磨路立交，是花城大道西段重要节点。

严西湖大桥的通车，标志着花山生态新城正式与三环线相连，15 分钟就可到达鲁巷广场。随着东湖通道及植物园跨湖大桥接三环线段工程的推进，一条由“桥—隧—隧—路”组成的快速路，将形成“中心城区—东湖—花山”20 分钟交通圈。

花山生态新城位于光谷北，投资逾 500 亿元打造，是“武汉城市圈”两型社会试验的先导区和示范区。由于天然湖泊的阻隔，以前从主城区进入花山，多通过武鄂高速、珞喻东路或绕城高速，耗时 1 个多小时。而今，随着严西湖大桥的通车，花山生态新城迈入武汉中心城区 15~30 分钟生活圈。

严西湖大桥所在的花城大道被誉为花山生态城的迎宾路，它串联起东湖生态旅游风景区、严西湖、花山河、九峰森林公园等景观地。

严西湖之胜，独在于水；严西湖之重，重在生态。严西湖独特的自然景观也孕育了丰富的人文景观，而将这些如珍珠般的美景串成项链的就是严西湖大桥。

（文 / 陈红梅）

▍严西湖大桥位于武汉市洪山区花山生态新城花城大道西段，西起鼓架山，东至梅城路。

蛟龙托我去远方

——后官湖大桥

后官湖大桥（杜俊军、吴迪、杨琳　摄）

“万顷湿地碧波荡，长桥飞架水天茫。白鹭飞舞放新歌，蛟龙托我去远方。”这就是武汉最长的跨湖大桥——后官湖大桥。后官湖大桥位于武汉市蔡甸区境内、武汉市三环线与绕城公路之间，是后官湖湿地公园的重要组成部分和标志性景观。

后官湖大桥也是武汉西四环线工程的重要组成部分，全长 5092 米，其中湖面段长约 4500 米。桥面宽 40.5 米，双向 8 车道，是武汉最长的跨湖大桥，也是武汉最宽的高速公路桥梁。

后官湖大桥桥身为平面线形，呈 S 形，浪漫跨越后官湖，从高空俯瞰，如长龙卧波，开车经过时如在水上漂。该桥连通四环线西段，于 2015 年通车。

“欲将心事付瑶琴，知音少，弦断有谁听。”后官湖是一个人文湖，流传着动人的知音传说，它原来叫“候官湖”，后来口口相传，就演变成了“后官湖”。如今，随着后官湖大桥这条蛟龙卧湖，早已是“将喜讯付瑶琴，知音多，弦响漫山河，后官湖上都是歌”！

（文 / 陈红梅）

后官湖大桥位于蔡甸区境内、武汉市三环线与绕城公路之间。

汤逊湖上桥几多

——汤逊湖大桥

文化大道（世纪大道—三环线）是江夏与武昌主城区之间的一条快速通道，全长约 15 千米，路幅宽 60 米。南起江夏世纪大道，一路北行，穿越汤逊湖，止于珞狮南路三环线。这条快速通道的关键性工程就是汤逊湖上的桥，它使文化大道与珞狮南路三环线野芷湖立交桥实现对接。

汤逊湖大桥全长 1280 米，起点为东湖学院北侧汤逊湖边，终点位于武汉工程职业技术学院西侧，最大跨幅 40 米，桥宽 29 米，双向 6 车道，是汤逊湖上第一座千米跨湖特大桥。汤逊湖大桥于 2012 年底建成通车，它的贯通使文化大道成为江夏区的标志性路桥工程。千米长桥如长虹卧波，雄伟而不失玲珑，入夜，桥灯齐明，如珠连串，平添了璀璨光华与现代气息。

江夏区是武汉南大门，历史上与武昌区、洪山区有着千丝万缕的联系。今天的江夏区地理上与武昌区、洪山区仍是犬牙交错。以前陆路交通不发达，从纸坊

暮色中的汤逊湖大桥（舒运平　摄）

街到武昌或洪山去，最便利的方式是划船，小船经汤逊湖到巡司河，再到武泰闸。直到 20 世纪 90 年代，从纸坊到武昌的客运道路还只有李纸路一条，人们出行非常不便。可是，水域面积巨大的汤逊湖横亘在江夏和武昌、洪山之间，要改变交通不便的状况谈何容易！

1988 年，武汉东湖新技术开发区成立了，快速形成以光电子信息产业为主导，能源环保、生物工程与新医药、机电一体化和高科技农业竞相发展的高技术产业园。江夏区紧邻东湖高新区，具有独特的地理优势，区领导决定借助东湖高新区这个现代发动机，驱动江夏区对外开放。1992 年，市政府批准成立武汉东湖新技术开发区庙山小区（简称庙山开发区），为江夏区经济发展按下了快进键。

汤逊湖自然风光优美，生态环境良好，水域面积达 47.6 平方千米，这既是江夏区难得的优势，同时也是需要解决的交通障碍。要发展，先修路；要修路，必修桥。以发展经济的战略眼光谋篇布局交通格局，江夏区最先修建的是江夏大道。江夏大道南起纸坊街十一万变电站，穿越庙山开发区，穿越汤逊湖，到达东湖高新区，直接连通民族大道。这条大道打通了庙山开发区人车往来的交通梗阻，特别是连接汤逊湖两岸的桥，立刻使原本分为两片的开发区融成一个整体。这是汤逊湖上的第一座桥，不仅是庙山开发区经济建设的需要，也是周围人们生活的迫切需要。

桥因水生，水因桥活。自从有了桥之后，庙山开发区就以经济指标年增长 50% 的速度迅猛发展，短短几年就形成了以光通信、生物医药、新材料、机电一体化、旅游房地产等五大产业为主体的产业格局。汤逊湖周边地区发生了翻天覆地的变化，众多高品质生活小区广受城区市民青睐，很快实现了以城带乡、以工促农、城乡互动的协调发展。著名的地方特色菜汤逊湖鱼丸，正是这时候盛名远播的。

2007 年 6 月，江夏区委、区政府决定，在纸坊街和洪山珞狮南路之间修建“一路一桥”，连通江夏纸坊和三环线，拉近江夏与中心城区的距离。“一路”即文化大道，“一桥”就是连通文化大道与珞狮南路的汤逊湖大桥。相较而言，庙山交通状况的改变着眼于局部区域的经济建设，而即将修建的“一路一桥”将直接

汤逊湖大桥（舒运平 摄）

改变整个纸坊城区的交通面貌，提升江夏的发展格局。

改革开放后，中国路桥技术飞速发展，万里长江上一座一座大桥如雨后春笋，在湖泊上修桥筑路更不算什么难事。2012年底，首座千米长的汤逊湖大桥在人们的翘首期盼中一步步建成，文化大道这条快速通道正式贯通了。不独江夏，中心城区的人们同样欢欣雀跃！从此，人们不必再走老旧狭窄的李纸路了，通过汤逊湖大桥，车辆可由文化路上三环线，从环线上的任何一个节点都可快速进入中心城区。如果从纸坊到街道口，则全程都是快速通道，按照每小时60千米的车速，15分钟左右即可到达。不仅如此，走在文化大道上，两旁绿树婆娑，花开四季，完备的功能设施和漂亮的道路景观，让人如在景中，心情愉悦。

一桥通，路路通。人们纷纷前来江夏寻找机遇，一路行来，不知不觉，脚下已是江夏，新城区与中心城区实现了无缝对接，文化大道沿线很快形成高端商区和密集的住宅区。江夏独特的区位优势凸显出来，良好的生态资源也不再藏于深闺，江夏便捷地承接了中心城区的外溢效应，它们撬动着整个江夏区经济和文化事业的发展。

汤逊湖大桥夜景（舒运平　摄）

汤逊湖九湾十八汊，曾经是以汤、孙两家为主的渔民家园，现在，美丽的汤逊湖被誉为亚洲最大的城中湖，周围聚集着众多高新技术产业和现代住宅小区，浩瀚的水域、旁逸斜出的湖汊与千千万万人的生活息息相关，诞生了一座座现代桥梁。今天，汤逊湖上的大桥已经有 4 座了，还有众多风格迥异的小桥，表达着人们对江南水乡那份不老的情怀。

（文 / 陈红梅）

汤逊湖大桥位于江夏区文化大道上，起点为东湖学院北侧汤逊湖边，终点位于武汉工程职业技术学院西侧。

柳笛吹拂五座桥

——金银湖环湖路景观桥

“金湖月夜泛轻舸，银湖霞光十里遥。临水人家花夹岸，柳笛吹拂五座桥。”这是一座国家城市湿地公园及其园中桥的写照，是一幅美不胜收的画卷。

白马泾桥（杜俊军、吴迪、杨琳　摄）

与一般的桥所不同的是，金银湖上的桥是环湖桥、景观桥，在金银湖环湖路上共有 5 座桥。

金银湖位于东西湖区，是武汉市面积最大的城市湿地公园之一，也是中国省会城市中唯一的国家城市湿地公园，这也就决定了这里的桥与众不同。

金银湖上的 5 座造型不同的桥梁，是金银湖环湖路改造工程的一部分。环湖路是金银湖地区的一条环状主干道路，东起马池路路口，西至金山大道，道路环绕金银湖，全长 9.42 千米。

环湖路始建于 1999 年，由于常年被碾压，破损严重。2013 年 4 月，该道路进行整体升级。改造后道路宽 53~59 米，包括 23~52 米的景观带，被誉为武汉最宽最美的环湖景观路。

金银湖环湖路上的 5 座桥梁分别是李家墩桥、白马泾桥、泥江湖桥、泾河桥、

海口桥（杜俊军、吴迪、杨琳　摄）

泥江湖桥（杜俊军、吴迪、杨琳　摄）

泾河桥（杜俊军、吴迪、杨琳　摄）

海口桥。5座桥造型各异，特别是其中两座为扁形蝴蝶拱桥和矮塔斜拉桥，结构复杂，造型优美，是金银湖环湖路上的新地标。走在环湖路上，可欣赏金银湖湿地公园美景，而5座桥则是最佳赏景处。

5座桥“一桥一景”，桥梁均为仿古风格，是环湖路上的亮点工程。5座桥的连通既方便了沿线数万居民出行，也让他们多了一个环湖骑行、散步观景的好去处，并为金银湖环湖路这条滨湖景观大道锦上添花。

（文/陈红梅）

金银湖环湖路景观桥位于东西湖区金银湖环湖路附近。

第五篇

车水马龙过—— 武汉的立交桥

武汉以桥为结，以道路为带，织密了承载城市活力的交通网络。武汉的立交桥见证了城市的兴旺与繁华，它们大都处在城市中心的闹市区或者在通往郊区的快速路与高速公路上，标志着城市的快速发展。武汉的立交桥主要有航空路立交桥、琴台立交桥、大东门立交桥、喻家湖立交桥、黄浦路立交桥、岳家嘴立交桥、竹叶山立交桥、姑嫂树立交桥、复兴路立交桥、常码头立交桥、墨水湖立交桥、梅家山立交桥、尤李立交桥、红庙立交桥、汪家嘴立交桥、新武黄立交桥等，它们的畅通让城市更具活力。

繁华闹市一线牵

——航空路立交桥

解放大道是武汉市区最长的一条主干道。据说，在20世纪前期，这里是一条长不足2千米的土路，后来修成碎石路。到了20世纪50年代，这条路被建成解放大道，路面宽60米，渐渐成为汉口最繁华的街道。

航空路立交桥位于汉口解放大道航空路至新华路段，1991年7月动工，1992年7月完工，分两期施工。它是三层立交桥，第一层是原来的地面，第二层是圆盘形环岛，第三层是解放大道直通高架桥。分别跨越航空路与新华路十字路口，是武汉的第一座多层立交桥。

航空路立交桥

航空路立交桥长3050米，宽7.5~30米，最大跨径18米，设有2~4条机动车车道。桥梁类型是预应力钢筋混凝土空心板简支梁桥，采用预应力混凝土展翅曲梁、大挑臂变高度钢箱梁、预应力混凝土箱梁、钢与混凝土结合梁等结构形式。

解放大道新华路至航空路段有两家医院和多个大型商场，周围的商业活动中心有长江大酒店、武汉世界贸易中心、武汉广场、武汉新世界中心、武胜路贸易区等，是商业活动频繁地区。航空路立交桥的建成，发挥了交通枢纽作用，缓解了两个交叉路口的拥堵状况，对于改善交通环境、促进城市经济发展、方便人民群众生活，具有重大意义。

（文 / 郑义华）

航空路立交桥位于汉口解放大道航空路至新华路段。

武汉第一座高架立交桥

——琴台立交桥

东周时期伯牙与钟子期高山流水觅知音的传说，给汉阳留下了“琴台”这个地名，月湖一带被叫作琴台。

琴台立交桥

琴台立交桥坐落于汉阳文化宫路口，北接江汉桥汉阳桥头，东至龟山西南麓武汉长江大桥引桥路，西连琴台大道。这里是三镇道路连通口的咽喉地带。进入20世纪80年代，机动车和非机动车数量激增，这儿成为堵塞最为严重的交叉口，根据1984年的一次实测，机动车高峰小时流量为29000余辆，非机动车高峰小时流量为7000余辆，严重超过了国家规定的城市平交道口的最大允许交通流量。由于武汉长江大桥引桥路、鹦鹉大道、琴台路在这里交会，进出此平交道口的车速每小时不足20千米，交通堵塞和事故时有发生。为此，武汉市人民政府决定兴建琴台高架立交桥。

此工程总投资2070万元，1987年8月动工，1988年5月15日，高架桥主体工程竣工并通车。同年底，全部工程竣工。

琴台立交桥由江汉桥方向的A线和汉阳方向的B线组成，在平面上呈“人”字形，在长江大桥引桥会合，全长841.71米，A、B线宽9.5米，合线处宽12米，其中10.5米宽的3股车道接长江大桥引桥路。

琴台立交桥所经路线通过汉江主河道一、二级阶地及龟山西南麓断层破碎带，地质情况复杂。高架桥墩台基础直径1.5米，钢筋混凝土钻孔灌注桩81根。全桥由3座桥台和42个Y形钢筋混凝土桥墩所支撑。桥梁类型为连续钢箱梁结构。桥面采用防水水泥，混凝土厚度8厘米。立交桥内侧设置7座有合理照明半径的高杆路灯，杆高28~30米，其顶端灯盘直径6米，装有6盏高压钠灯，灯具为牵牛花形。在鹦鹉大道南段起点有2座梅花形道口路灯，为进入立交桥范围的标志设施。有低压照明配电所2座，路灯的供电线缆均敷设于高架桥西侧路缘和桥下人行道的站卧石内。

琴台立交桥工程还包括从鹦鹉大道江汉桥至京广铁路钟家村跨线桥段的扩宽改建和沿线港湾式样公交车辆停靠站的建设。鹦鹉大道北段从江汉桥起由原宽40米扩宽至80米，并加设上立交桥的车道，新辟衔接江汉桥两侧慢车道、非机动车道及人行道。过琴台立交桥桥头引道后直到文化宫平交道口扩宽至73米。琴台文化宫道口处设直径48米圆盘，北、西、南三面环道宽34米，东北面靠龟山一侧环道宽37.5米，其中机动车道宽28.5米，非机动车道、人行道宽9米。

琴台立交桥采用单向直通式高架桥加地面道口圆盘的二层简易立交，从汉口往武昌的所有机动车，经高架桥跨越琴台文化宫

琴台立交桥与武汉长江大桥引桥末端相接处

道口，左转上武汉长江大桥引桥路，使平面圆盘交织车流降至原来的 30% 以下，道口高峰小时交通流量可达 4000 辆，武昌到汉口的车速可达 50 千米 / 小时，平面圆盘上车速在 25 千米 / 小时以上。此桥建成后，车辆运行状况良好，车速比建桥前提高一倍以上，缓解了三镇连通道口的交通压力。

琴台立交桥是武汉的第一座高架立交桥，这座立交桥的建设拉开了 20 世纪八九十年代武汉立交桥建设热潮的序幕，是武汉市城市基础设施建设迈向现代化的里程碑，它对改善琴台文化宫地段及周边的道路交通状况发挥了重要作用。

琴台立交桥的建成，也为古老的龟山、琴台和月湖增添了现代色彩。

（文 / 郑义华）

琴台立交桥位于汉阳文化宫路口，北接江汉桥汉阳桥头，西连琴台大道。

疏解堵塞强通道

——大东门立交桥

大东门位于武昌中山路与武珞路的交会处，是连通三镇的航大线的东端枢纽，也是武黄公路、武咸公路进入城区的交通要冲，来自长江大桥、武昌火车站的车流都要经过此处，这里是三镇对外进行铁路、公路运输的重要通道。

大东门立交桥

汉阳琴台立交桥自 1988 年开通后，机动车高峰小时流量超过了 3500 辆，达到饱和值。道口的直行车流量、左右转车流量各占一半，东西向直行的车流量是南北向直行的两倍，平面道口冲突点多，交通堵塞日益严重。为此，武汉市人民政府决定，在大东门道口修建立交桥。

因为当时地方财力有限，工程分两期实施。一期工程 1990 年 2 月动工，11 月完成，即高架桥和地面部分工程。第一期工程完成后，33% 的东西向直行车流可以畅通，25% 的右转车也可畅行，余下 42% 的南北向直行和左转车流要进入圆盘交织，堵塞情况也有所缓解。为了配合长江二桥 1995 年建成通车和全市内环线的形成，第二期工程南北向底层路堑于 1994 年 5 月动工，年底竣工通车。

大东门立交桥共三层，底层是低于地面的南北向地堑（原中山路）和东、西、南三条自行车道及人行地道；第二层是地面平面圆盘、环形桥、环道和十字交叉路，通行左右转的各种车辆；第三层是东西向（沿武珞路）高架桥，通行直行机动车。同步建设排水支干管、电气照明和园林绿化等设施。

高架桥是预应力钢筋混凝土空心板简支结构架桥，由 4 跨 20 米梁、9 跨 16 米梁组成，呈一字形，全长 450 米，其中正桥长 232 米、东引桥长 142 米、西引桥长 76 米，桥面宽 16.5 米，其中 4 车道共宽 15 米，两边栏杆各宽 0.75 米。栏杆分内外两层，外层采用钢筋混凝土轻型透空结构，并加天蓝色喷塑装饰；内层设置高站石，高于桥面 40 厘米，可防撞击，结构外轻内实，是初次采用。全桥有 13 孔，跨径为 16 米、20 米。桥墩为 12 根双柱薄壁门式结构，墩下基础为两根直径 1.5 米的钻孔灌注桩。根据蛇山南麓残丘坡地的地质地貌状况，为了使灌注桩嵌入基岩，桩深 17~27 米。桥台采用 U 形的钢筋混凝土扩大浅基础，两侧引道为混凝土挡土墙，外砌预制混凝土蘑菇石，既稳固结实，又增添了美感。桥身为预应力钢筋混凝土空心板梁，桥面连续铺装，减少伸缩缝，使行车平稳舒适。桥上两边有 30 座双头低杆灯。地面部分工程包括建设大东门道口直径 45 米的中心圆盘，环道宽 26.5 米，其中 16 米为机动车道，10.5 米为非机动车道和人行道。同时，将武珞路大东门以西 660 米长的道路由 25 米扩宽至 60 米。

大东门立交桥的西侧有长春观，西南侧是蛇山。

（文 / 郑义华）

大东门立交桥位于武昌中山路与武珞路的交会处。

穿越校园的立交桥

——喻家湖立交桥

喻家湖立交桥是穿过华中科技大学关山校区的立体道路，位于喻家湖路上。喻家湖路南接光谷大道，北连喻家山北路和团山路。

喻家湖立交桥

对接东湖通道的喻家湖高架，起自东湖通道的出口——喻家山北路，沿着喻家湖路向南，跨越珞喻东路，至光谷大道的创业街。工程主线全长 2.4 千米，宽 30~60 米，沿线设置 A、B、E、F、G 匝道桥 5 座。此项工程 2013 年 10 月开工，同年年底通车。

喻家湖高架底层是华中科技大学的校园通道，连接主校区和东校区，每天过往的师生有 3 万多人，包括校内的各国留学生（这条通道的西侧路边即是留学生宿舍）。中层是喻家湖路，上层是高架桥。

（文 / 郑义华）

喻家湖立交桥位于洪山区喻家湖路。

活力四射显生机

——青年路立交桥

青年路立交桥位于汉口建设大道青年路路口，1994 年 7 月动工，同年 12 月建成通车。

青年路立交桥

这座桥全长 564.1 米，正桥长 352 米，宽 16 米，最大跨径 20 米，4 车道，是预应力钢筋混凝土空心板简支结构，由长度分别为 20 米和 16 米的两种空心板组成。这座桥南连内环线，北跨建设大道，连接汉口火车站、天河机场，是武汉市对外交通的重要客货运输干道。

青年路立交桥的建成，对缓解道口交通压力、改善交通状况、优化投资环境、增强武汉市对外开放的活力具有重要意义。

（文 / 郑义华）

青年路立交桥位于汉口建设大道青年路路口。

流光溢彩显繁华

——黄浦路立交桥

每当夜幕降临，这里流光溢彩，五彩缤纷，尽显都市繁华，这就是黄浦路立交桥。

黄浦路立交桥位于江岸区黄浦路和解放大道交会处，是长江公路二桥汉口岸配套工程，为三层苜蓿叶互通式立交桥，功能比较齐全。原地面为直径 45 米的

黄浦路立交桥（杜俊军、吴迪、杨琳　摄）

环形交叉口，供沿江大道与黄浦路之间的转向车辆交织行驶（无冲突点，故不需设灯管制）；二、三层间由 4 条匝道桥连通，其平面形状像两片苜蓿叶映衬着两朵圆形花瓣，供上下长江二桥和来往于解放大道四个方向的直行车辆行驶，互不干扰（没有冲突点）。

黄浦路立交桥长 2157 米，宽 24 米，设双向 6 车道，于 1995 年 6 月 18 日建成通车。该桥采用直径为 1 米的钻孔灌柱桩基，双向柱式排架和双柱式空心 Y 形桥墩、隐帽梁，U 形桥台。二层为预应力钢筋砼 T 形梁桥，三层为预应力钢筋砼连续梁桥，最大跨径 20 米。匝道为现浇钢筋砼曲形箱梁桥，采用现浇砼连续桥面、梳形钢板伸缩缝、钢筋砼高矮防撞栏和不锈钢筛面的钢管扶手。

“桥东桥西好风光，车来车去各不同。”黄浦路立交桥是武汉一环线和武汉大道重要的节点，这里连通江南江北，又通向天河机场，穿过立交桥不同的层面，可通向东、南、西、北不同的方向，抵达武昌、汉口不同的目的地。也正是因为有不同的目的地，所以黄浦路立交桥才会见证千姿百态的人生，呈现现代繁华的城市风貌。

（文 / 陈红梅）

黄浦路立交桥位于江岸区黄浦路和解放大道交会处。

鱼贯长龙通四方

——岳家嘴立交桥

“鱼贯长龙兔卧盘，往来车马齐欢笑。”这是武汉中心城区内最大的立交桥——岳家嘴立交桥，它东起徐东大街上的省电力大厦，西至麦德龙超市，北至中北路延长线上的拥军路，南抵中北路长源大厦。岳家嘴立交桥是内环线北段和东段的重要交通转换节点。它纵横两个方向各长 1 千米，其结构为徐东大街方向高架跨过中北路，另设 4 个方向的左转弯匝道桥，右转方向设于地面，为三层全定向互通立交。第三层为徐东大街直行高架，第二层为 4 条供各路口车辆左转的匝道，地面层设中北路直行车道和 4 条右转匝道，路口没有红绿灯。

岳家嘴立交桥率先在武汉市采用“鱼腹式箱梁”，改变了传统箱梁“矩形梁”加柱的硬线条，箱梁如鱼肚呈漂亮的弧形，是武汉市立交桥中最具流线感的一座。内环线岳家嘴路口车辆通行能力可达 2.1 万辆 / 小时，时速达 60 千米，成为武汉中心城区中通行能力最强的立交桥。

岳家嘴立交桥还是武汉内环线最大的“提速工程”，它的修建提高了从徐东大街到东湖或梨园的车速。

岳家嘴立交桥拥有武汉首批绿色桥墩。桥下有绿地面积 4.8 万平方米，沿徐东大街绿地面积 1.4 万平方米。岳家嘴立交桥绿地面积堪称武汉市内最大。桥下还布置有两个公交站点和两个地铁出口，也有绿地环绕。桥下铺装两条步行径，一条为快速通道，用于疏散大量客流；一条为景观游径，可让市民在闹市中赏园

岳家嘴立交桥（杜俊军、吴迪、杨琳　摄）

艺美景。桥下种植大片乔木，包括樱花片林、碧桃片林、广玉兰片林等。此外，岳家嘴立交桥绿地首次在立交桥绿化中引入攀缘植物，在桥墩下种植了爬墙虎、花叶络石。闹市中出现数十个绿油油的桥墩，景观效果良好。同时，整个绿地铺装全部采用透水砖，可涵养地下水源，加上桥面汇流的雨水，自然灌溉植物，只在干旱季节需人工补水，可最大限度地综合利用雨水。

光秃秃的灰色桥墩披上了绿装，又综合利用了雨水，岳家嘴立交桥可以说是一座绿色生态之桥。

（文 / 陈红梅）

岳家嘴立交桥位于武昌区徐东大街与中北路交会处。

双不对称堪称奇

——竹叶山立交桥

竹叶山立交桥是目前武汉市最大、最高的互通式立交桥，是二环线和武汉大道的交会点，也是目前武汉市投资最大、结构最复杂的立交桥，于2011年9月28日通车。

竹叶山立交桥主体结构分为四层：第一层为地面；第二层为二环线，由唐家墩连接发展大道至二七路高架桥；第三层为金桥大道，跨越合武、京广等12条铁路线，连接黄浦大街高架桥；第四层是金桥大道跨铁路线后左转至二七长江大桥方向的匝道，最高点23.5米。

竹叶山转盘曾是汉口最大的交通堵塞点之一。竹叶山立交桥建成通车后，实现了金桥大道、黄浦大街、发展大道、二七路四个方向互通。其中黄浦大街高架桥经竹叶山立交左转至唐家墩路可双向通车，只需6分钟。

竹叶山立交桥上的金桥大道是武汉大道控制性工程，为一座独塔双索面预应力混凝土箱梁斜拉桥，“一步”跨越武广高铁和京广、合武铁路，从12条铁路线上腾空而过。作为纪念辛亥革命100周年的重点配套工程，它是整个武汉大道改造工程的收官之作。整个斜拉桥全长260米，塔高101.7米，桥面配装斜拉索，主跨138米，其“块头”在全国同类“陆地斜拉桥”中首屈一指。该桥桥梁桥面不等宽，最窄处只有39米，最宽处51米，系国内首创“双不对称”陆地斜拉桥。

金桥在陆地同类桥梁中创下三个世界第一：南北桥梁跨度和东西桥面宽

竹叶山立交桥（杜俊军、吴迪、杨琳　摄）

度“双不对称”，建造难度世界第一；桥面宽度超过 50 米，世界第一；主跨 138 米桥面变截幅度世界第一。创“三个第一”，堪称同类桥梁中的奇迹！

金桥建造环境复杂，“比江上建桥还要难”。大桥局金桥项目负责人黄富伟介绍，金桥上跨京广和合武等 12 条铁路线，“一个塑料袋掉落到武广高速的接触网上，都会造成全线瘫痪。施工需要向铁路部门申请‘施工时点’”。施工现场地处闹市，要求施工阶段“一天都不断交通”。

竹叶山立交桥也是武汉大道和二环线汉口段这两条快速路的交会点，它的通车使用，使大武汉拥有了首个十字形快速路网。

（文 / 陈红梅）

竹叶山立交桥位于江岸区竹叶山红星美凯龙附近。

奏响城市交响曲

——姑嫂树立交桥

姑嫂树立交桥又称姑嫂树公跨铁立交桥，位于江汉区姑嫂树路，上跨京广铁路、合武铁路、汉孝城际铁路等 11 条铁路线。该桥总长 256 米，其中主跨 116 米，桥宽 32 米，双向 6 车道，是姑嫂树快速路的控制性工程。于 2013 年 1 月开始建

姑嫂树立交桥（杜俊军、吴迪、杨琳　摄）

设，2014 年正式通车。

在建设的过程中，为减少对铁路的干扰，姑嫂树立交桥采用转体法施工，即桥梁先在顺铁路方向浇筑，浇筑完成后再通过转体装置“转身”横跨铁路。

2014 年 1 月 15 日下午 1 时整，重量达 17300 多吨的箱梁，在桥墩上离地 15 米高空平顺旋转 106 度，51 分钟后转体顺利完成，铁路两侧箱梁成功对接。这是国内首次在桥梁墩顶上进行大吨位混凝土箱梁转体施工，单个转体重量位列亚洲之最、世界第二，也是中国首例高空转体施工。

姑嫂树立交桥连接香港路、二环线、三环线和机场第二通道，是汉口北部的交通要道和重要的对外出口道路。该桥通车后，从香港路开车上机场高速，最快只需 5 分钟。

姑嫂树立交桥处在城郊接合部，犹如五线谱，往来的车辆好似流动的音符，纵横交错的匝道像一个旋转的舞台，它们一起呈现了一部美妙的城市交响曲。

（文 / 陈红梅）

姑嫂树立交桥位于江汉区姑嫂树路。

二环三环一肩挑

——复兴立交桥

复兴立交桥位于江汉区，是常青高架控制性工程。常青高架是武汉规划的“三环十三射”快速路系统中重要的一条放射线，北起三环线常青路，横跨京广铁路

复兴立交桥（杜俊军、吴迪、杨琳 摄）

线，南接宝丰路高架，全长 3.4 千米，其中主线高架桥 2.75 千米，双向 6 车道，设计机动车辆时速 60 千米，它的建成大大缓解了常青片区交通压力。

复兴立交桥共有 4 条匝道，其中 A 匝道为二环线东（即汉口火车站方向）至常青路北（即三环线）方向，B 匝道为二环线东侧至常青路南（即青年路）方向，C 匝道为二环线西（即汉西方向）至常青路北方向，D 匝道为二环线西（即汉西方向）至常青路南方向。

复兴立交桥有效地串联起二环线和三环线，使进出城、进出机场以及进出汉口火车站都更加便捷。

（文 / 陈红梅）

复兴立交桥位于江汉区，是常青高架控制性工程。

形如蜗牛捷如豹

——常码头立交桥

常码头立交桥位于硚口区常码头社区附近，共包含 4 条匝道，分别可以从二环线汉口火车站前往长丰大道，从长丰大道前往二环线汉口火车站和汉阳知音桥方向，从二环线知音桥至长丰大道。

常码头立交桥开通后，从汉阳出发，经长丰大道可直达三环线，仅需 12 分钟。同时，从汉阳方向来的车辆，可以在常码头立交桥直接下高架，进入淮海路、武

常码头立交桥（杜俊军、吴迪、杨琳 摄）

汉 CBD 和青年路。

常码头立交桥的通车，使得二环线与三环线在硚口实现“牵手”，也标志着武汉的快速路网建设又推进了一步。

从高空鸟瞰，常码头立交桥如同一只大蜗牛镶嵌在二环线上，但是行驶在上面的车辆却如同捷豹在奔驰。

（文 / 陈红梅）

常码头立交桥位于硚口区常码头社区附近。

轻风墨彩连鹦鹉

——墨水湖立交桥

一座立交桥，在墨水湖畔，处城区中心，车水马龙，车辆穿梭其上，直通鹦鹉洲长江大桥，这就是墨水湖立交桥。

墨水湖立交桥位于汉阳区墨水湖畔，作为鹦鹉洲长江大桥汉阳接线段的重要一环，墨水湖立交桥江城大道主线高架于 2014 年 12 月 10 日正式通车。通车后，驾车从梅子山通道至墨水湖大桥只需要 2 分钟。

墨水湖立交为三层部分互通式立交，其中，墨水湖北路和江城大道方向为直行高架，江城大道高架位于高架二层，墨水湖北路高架位于高架三层。南北走向的江城大道直行高架全长 1162.7 米，主线宽 26 米，设双向 6 车道，设计车速为主线 60 千米 / 小时、匝道 30~40 千米 / 小时。主线道路等级为城市快速路。

江城大道直行高架北接梅子山通道，中间横跨汉阳大道和墨水湖北路两大堵点，南端与墨水湖大桥连成一体。高架通车贯通汉阳中心城区的南北方向，成为中心城区快速进出城市的重要通道。

鹦鹉洲长江大桥的通车又实现了江城大道高架与墨水湖北路高架的互通。车辆向东可经鹦鹉洲长江大桥到达武昌，向西经墨水湖北路高架可抵龙阳大道。

2018 年，为提升汉江大道运行效率和服务范围，完善二环线墨水湖立交节点的转向功能，墨水湖立交桥又实行了改造，以便同时作为军运会重点保障线路。改造工程主要包括新增三条匝道：新增鹦鹉洲大桥方向至三环线方向的左转匝道 1030 米，新增墨水湖北路方向至三环线方向的右转匝道 125 米，新增江城大道

墨水湖立交桥（杜俊军、吴迪、杨琳　摄）

地面道路至鹦鹉洲大桥方向的上桥匝道 298 米。三条匝道共长 1453 米，设计车速 40 千米 / 小时。

优化改造后的墨水湖立交桥，除了三环线方向至墨水湖北路方向的左转车辆仍然需要通过地面道路再上二环线高架桥以外，其余方向均能实现快速转换，完善和优化了立交功能，使二环线在墨水湖立交这个节点处与各方向的交通联系更加便捷和高效。

墨水湖立交桥改造工程位于二环线交通大动脉与进出汉阳主城区的江城大道交叉部位，周边车辆、人流密集，地下管线复杂。为按时完成本项目建设任务，各参建单位在确保安全的前提下，在极为狭窄的空间里"穿针走线"，最大限度降低了对既有交通的影响，同时严格按照军运会保障路线极致标准建设，重点突出对外观、线型、涂装、亮化等方面的管理。

墨水湖立交桥改造工程的建设，对于提升汉阳中心城区交通能力，促进汉阳经济建设均具有重要意义。

（文 / 陈红梅）

墨水湖立交桥位于汉阳区墨水湖畔。

笑脸相迎八方客

——梅家山立交桥

梅家山立交桥位于雄楚大道与中山路相交处，连通白沙洲大道，被称为武汉的南大门。

梅家山立交桥利用了地形高差，建设雄楚大道穿中山路隧道，形成喇叭形立交，与中山路全互通。高峰通行能力达 4500~8600 辆 / 小时。

梅家山立交桥（杜俊军、吴迪、杨琳 摄）

梅家山立交桥扩充后，从连接市区中山路和白沙洲大道的“一”字形高架桥，扩充为同时连接鹦鹉洲大桥和雄楚大道高架桥的“交互性枢纽工程”。

梅家山立交桥是武汉市鹦鹉洲过江通道武昌岸接线，上跨京广铁路立交桥，采用 50 米 +85 米 +50 米变截面预应力混凝土连续箱梁，标准横断面为主线双向 6 车道 +E 匝道与主线并线渐变段，采用单箱四室斜腹板箱形截面。为保证施工期间铁路运营的安全，在铁路左右侧分别采用转体施工，单个桥墩转体重量为 9600 吨，转体角度分别为顺时针 62° 及 70° 。

梅家山立交桥钢箱梁项目属于既有交通线下高风险路段施工项目．主线桥钢箱梁跨路施工过程中，采用现场情况分析、模型数据计算分析与试验测试等步骤，探索了既有交通线上钢箱梁顶推法施工工艺、临时工程设计布置等方法，形成了一套较为完整的钢箱梁连续顶推施工技术和安全操作技术要点。运用该方法进行施工，对桥下交通影响较小，施工干扰小，安全系数高，确保了工程进度和施工质量，有效节约了施工成本。

2014 年 10 月 24 日 13 时 16 分，武汉鹦鹉洲长江大桥南岸连接工程、跨京广铁路的梅家山立交桥开始转体。重达近万吨的梁体缓慢旋转，历时 56 分钟后，与东侧的另一只“巨翅”顺利对接，误差小于 10 毫米。大桥全长 185 米，桥体宽度从 26 米渐变至 35 米，是中国最宽的截面转体桥。

梅家山立交桥位于武昌火车站南咽喉，桥梁跨越京广大动脉，桥下既有铁路共 6 股道。从空中俯瞰，梅家山立交桥犹如一张巨大的笑脸。这正是：笑脸相迎八方客，诚心以待四海宾。

（文 / 陈红梅）

梅家山立交桥位于雄楚大道与中山路相交处，连通白沙洲大道。

通车停车两不误

——尤李立交桥

桥上通车，桥下停车，并且拥有景观停车场，这正是：通车停车两不误，便捷生态总相宜。这座桥就是尤李立交桥。

尤李立交桥位于洪山区雄楚大道，为叠式互通立交桥，共 3 层。地面是第一

尤李立交桥（杜俊军、吴迪、杨琳 摄）

层，珞狮南路高架桥为第二层，雄楚大道高架桥为第三层。尤李立交桥共 6 个匝道，分别为自街道口上雄楚大道高架桥往楚平路方向、自雄楚大道高架桥往三环线方向、从三环线上雄楚大道高架至武昌火车站方向，可通往街道口、三环线、汉阳、光谷等 4 个方向。驾车走高架从尤李立交桥到光谷仅需 5 分钟。

尤李立交桥是连接二环线、三环线的重要互通式枢纽。

尤李立交桥下的空地上还建了景观停车场，有 248 个停车位。因为噪音、面积小等原因，高架桥建设中的“边角余料”做商业、物业都不合适，加上需要解决停车难的问题，桥下最好的选择是建停车场。考虑到城市绿化发展的需求，武汉市将停车场和绿化结合起来，把尤李立交停车场建成景观停车场。

景观停车场是指在露天停车场应用透气、透水材料铺设地面，并间隔栽植一定量的乔木等绿化植物，形成绿荫覆盖，将停车空间与园林绿化空间有机结合的停车场。尤李立交停车场包括东北角、西北角两个地块，东北角地块的面积为 10306 平方米，其中绿化面积达到 5556 平方米，绿化率达到 53.9%，从外面道路上基本看不到里面停放的车辆。

利用高架桥下面的空位建设停车场，目前世界上不少城市都在探索，日本东京做得比较成功，武汉的尤李立交桥下建设停车场也是一种有益的尝试。

（文 / 陈红梅）

尤李立交桥位于洪山区雄楚大道与珞狮南路交会处。

金蝶展翅舞苍穹

——红庙立交桥

夜幕降临时，深蓝色的夜空下，城市渐渐亮了起来，桥上一盏盏照明灯把路面照得通亮。桥身上橘黄色的射灯，发出柔和的光芒，好像给桥身披上了金色的外衣。车水马龙中，各种各样的灯勾画出这座桥雄伟的轮廓，如一只振翅欲飞的

红庙立交桥（杜俊军、吴迪、杨琳　摄）

金蝶。这座桥就是红庙立交桥。

红庙立交桥位于武昌区二环线和中北路延长线交会处，共 3 层，其中主线桥位于第二层，全长 655 米，北连二七长江大桥，南接二环线东湖路段梨园下穿通道。随着东湖隧道的通车，红庙立交桥的功能也日益显现，它是连接武汉二环线和东湖隧道的重要通道，它极大缓解了城区行车交通堵塞的问题，也带来了快捷的城市交通。

红庙立交桥也是一座生态桥，桥下有美丽的草坪和树林，特别是春天的时候，小草探出了尖尖的脑袋，小树长出了嫩嫩的芽，许多不知名的花儿也像赶集似的聚拢来绽放，有红的、蓝的、黄的、粉的、绿的……桥下绿地真像是美丽的大花园，也是一处休闲的好地方。

金蝶展翅舞苍穹，傲立城中歌不断。红庙立交桥造型独特，焕发出别样的美感，与城市景观有机地融为一体。

（文 / 陈红梅）

红庙立交桥位于武昌区二环线和中北路延长线交会处。

时代飞轮通四方

——汪家嘴立交桥

这是湖北省最大的城市立交桥，它编织了四通八达的交通网络，连接着四面八方。它就是汪家嘴立交桥。

汪家嘴立交桥位于武汉经济技术开发区，是东风大道高架一期的一部分。东风大道高架一期北起汪家嘴立交，止于莲湖路北侧，全长 5.8 千米，高架路面为双向 8 车道，地下辅道为双向 6 车道，桥梁宽度与车道总数均为武汉市已建高架桥之最。

汪家嘴立交桥（杜俊军、吴迪、杨琳　摄）

汪家嘴立交桥（杜俊军、吴迪、杨琳　摄）

汪家嘴立交桥为全互通式立交，共有 8 条匝道，可将三环线与东风大道、龙阳大道连通，即车辆可以直接在高架桥上进行转向。最高点距地面 26 米，一层为三环线地面段，二层为三环线高架主线，三层为东风大道和龙阳大道对接形成高架主线，在二层和三层均可通过匝道实现三环与东风大道高架之间的互通。

过去，汪家嘴立交桥是呈“苜蓿叶”形状的立交，难以满足两条快速路在此交会的大流量交通需求。改造后，整个立交将成为枢纽立交，三环线西段与东风大道高架、龙阳大道形成全互通。龙阳大道与三环线地面采用渠化灯控。

汪家嘴立交桥高峰车流量可突破每小时 1 万辆。从高空鸟瞰，汪家嘴立交桥如一个金色的飞轮旋转，它让车水马龙奔向了四面八方。

（文 / 陈红梅）

汪家嘴立交桥位于武汉经济技术开发区，是东风大道高架一期的一部分，将三环线与东风大道、龙阳大道连通。

蝴蝶落地日正晨

——新武黄立交桥

“面向东方，敞开胸怀，带着神秘的使命，了无声息，不留痕迹，随时迎接八方宾客，从不休息。”这就是武汉最大的立交桥之一——新武黄立交桥。

新武黄立交桥位于三环线南环段与武黄高速相交路口，为三层全互通式立交桥，占地 81 万平方米，桥面最高处离地面 21.7 米。

2010 年底，三环线东段通车，新武黄立交桥除早先开通的南北向两条主线桥外，又开通了其第一条匝道，以连通武汉站、三环线东段往武黄高速、黄石方向。

2012 年 9 月，新武黄立交桥又开通 5 条匝道，分别是：武汉站、三环线东段往光谷二路方向；光谷二路往三环线东段、武汉站方向；白沙洲大桥、三环线南段往光谷二路方向；光谷二路往武黄高速、黄石方向；黄石、武黄高速往光谷二路方向。

新武黄立交桥（杜俊军、吴迪、杨琳　摄）

新武黄立交桥使三环线南段、武黄高速与三环线东段、光谷二路组成斜“十”字交叉路段，实现了12个方向的全互联互通。8条左右转匝道，从任何一个方向左、右转或直行都不会“打架”。

经过新武黄立交桥，向北沿三环线东段可迅速抵达武汉火车站、天兴洲长江大桥、武鄂高速、阳逻大桥；往南直抵光谷腹地的流芳、佛祖岭；西达光谷大道、白沙洲大桥；往东由武黄高速可至江夏豹澥、黄石。

新武黄立交桥是三环线重要的交叉口，8条匝道连通四面八方，也成了武汉东大门的一个地标。

从高空俯视，新武黄立交桥宛如一只翩然而至的蝴蝶，停驻在三环线与武黄高速之间，正是“相从继烛何须问，蝴蝶落地日正晨”。

（文 / 陈红梅）

新武黄立交桥位于三环线南环段与武黄高速相交处。

第六篇

凭栏远眺处——公园和大学中的桥

公园中的桥是人们休闲、游玩的好地方，多少美好的记忆停留在桥上。中山公园中的桥、解放公园中的桥、武汉动物园中的桥，等等，上面既有丽人的倩影，也有孩童的欢笑。大学中的桥是学生们读书、思考、漫步的好去处，桥上有琅琅的读书声，也有凭栏独思的身影。

满园风光满园桥

——中山公园的桥

遍布武汉三镇的公园，如同一座座隐于钢筋水泥世界中的绿岛，为渴望亲近自然的人们提供了一处处可以全身心放松休憩的港湾。位于江汉区的中山公园就是这样一个美妙的地方。

中山公园位于汉口解放大道，初建于晚清时期，是当时的“地皮大王”刘歆生的私家花园，始称“西园”。1927 年国民政府将其收为国有，起名“汉口第一公园”，后为纪念孙中山又将其扩建为占地 170 亩的“中山公园”，成为百姓消闲的去处。抗战时期，中山公园被日寇占为军营，1946 年修复。1949 年后，经过整修与扩建，中山公园规模不断扩大。公园在保持原有历史文韵的基础上，通过水系布局、植被修护、景观雕塑，焕发出新时代的活力。

中山公园以土、石堆砌的小岛将水面分隔，再以多座形态不一的小桥连接，使水体富于动感与自然情趣，每一处无不各自独立成为园中一景。木构或石砌桥身柔和的弧线与水中粼粼的倒影相映成趣，使空间更加富于层次感。同时，园内植物的合理栽培，春夏时万木青翠蓊郁、绿荫生凉；秋冬之际，又独具“无边落木萧萧下”的萧瑟荒疏之美。座座小桥在枝条间各呈芳姿，园内一片生机盎然。

中山公园里的景观桥数量多，桥型也各具特色。从材质上可分为石桥、木桥和刚构桥，从桥型上可分为梁桥、拱桥、吊桥。最短的步桥，三步可过。还有座红桥，显出红红火火的风格。而龙桥则以两条叱咤风云的铜质巨龙为桥栏，造型

烟雨桥

雨亦奇桥

步桥

精巧，国内罕见。公园内，每一座桥的形制都不雷同，一座桥一个模样，一座桥一种风貌。

步入中山公园南门，迎面就是烟雨桥，它是一座简约的梁式平桥，长约3米，看似无华，在浓荫和清水的映衬下，却颇显雅致，满满的江南小桥风格。

过了烟雨桥就是雨亦奇桥，这是一座廊亭式平桥，桥亭有个雅致的名字：雨亦奇亭。桥亭建在板式梁上，两岸花团锦簇，游人至此，可小憩，可赏水观鱼。此桥亭始建于20世纪30年代，原为清风别墅的一部分，为构树皮顶四方小亭。1950年改建为重檐桥亭，更名为映霞亭。由于此处临水且视野开阔，常有小型演艺活动在此举行。后因此处绿树成荫，清爽宜人，是恋人幽会的首选之地，所以也被人们戏称为“爱情角”。2001年，亭桥按原样重建，为全仿木结构。

公园小岛的另一侧，有一座别致的步桥。长不过数米的小桥，均由方形石块横竖垒搭

落虹桥

建设桥

斜拉桥

而成。小桥横卧于一泓清水之上，连接两岸碧绿。桥虽小，却更显情趣，给人无尽的遐想。

离开步桥再前行不远，就是公园里最负盛名的落虹桥。落虹桥始建于20世纪40年代，当时的桥栏为木杆结构，满满的田园风味。游人行于桥上，仿佛流连于农家篱畔。桥下碧水粼粼，游鱼数尾，静美如画。1951年公园整修时，该桥改为拱形和平梁结合结构，颇具新意。桥栏也改用混凝土枝状拼搭，造型奇特。

沿曲折的小河继续前行，一片绿树掩映中，有平缓的建设桥。这是一座石拱桥，桥墙嵌贴石面砖，混凝土桥栏。桥面平整，不设台阶，可通行车辆。桥旁就是著名的张公亭。

建设桥旁边是一座钢结构的斜拉桥。在古色古香的氛围中突现一座现代化桥梁，初看令人不禁诧异。待到从各个角度观赏，却能发现这座桥隐身于绿荫之中，并不突兀，甚至还别有一番韵味。毕竟，社会快速发展，公园中出现现代化的桥梁也是理所当然。而且，这座桥的历史也颇为悠久，初建于 1964 年，1988 年重建。桥长 17 米，宽 2.1 米，一端与胜春岛相连。

虹桥

沿小河漫步，不远处，一座红色的屈曲高拱的木构拱桥进入眼帘，这就是大名鼎鼎的虹桥。该桥仿宋代张择端《清明上河图》中那座虹桥而建。宋代的虹桥是一座单跨木拱桥，造型轻盈，若长虹凌空。但因“靖康之乱”，那座名噪一时的木桥灰飞烟灭，其修建技术也随之失传，以致其后千余年也难觅此种桥型的踪影。新中国成立后，武汉长江大桥的桥梁建设者被《清明上河图》的画卷触发了灵感，他们发挥聪明才智，在汉阳的莲花湖上仿制了一座类似的小型木构虹桥。后来，专家们又在浙闽山区发现了类似结构的“廊桥”。渐渐地，这种造型简单、形制轻盈、美观大方的虹桥在全国各地大量出现。虽然中山公园里的这座虹桥不如《清明上河图》中的那座虹桥巍峨壮丽，但仍不失线条流畅之美。拱肋交错，纵横搭置。桥前桥后，树木葱茏，无疑为一处上佳的景观。

无霜桥

沿着盈盈碧水，又见一座单孔石拱桥，这是无霜桥。无霜桥是公园里孔跨最高的石桥。桥栏上刻满花卉图案，颇显古雅。漫步桥上，人们流连忘返。

靠近中山公园后门的是夕照桥，三孔

夕照桥

柳浪桥

心怡桥

新雨桥

拱形结构，造型轻盈雅致，静静地隐藏在密匝的树荫之中。夕照桥桥面中间为阶梯步行道，两边为缓坡道，汉白玉桥栏上有云龙纹饰浮雕。每当夕阳西下，桥在水中的倒影与树影交织，静美无限。

公园中心有一片绿地，柳浪成荫，柳浪桥就静卧于柳荫绿浪之中。柳浪桥两墩三孔，一座巨大的石拱，如青龙卧波，又如长虹卧涧，唯美无限。

心怡桥则是座单拱石桥，桥面平缓，桥下绿波泛起涟漪。伏在桥栏上，赏水中尾尾游鱼，看片片浮萍，心旷神怡。

新雨桥是一座平式梁桥，汉白玉桥栏，朵云望柱。据说，新雨桥最浪漫的时候不是细雨蒙蒙时，而是深秋时节，桥旁一棵棵枫树上霜叶红似火，映得人面如桃花。

与新雨桥相对呼应的是瀑屏桥。瀑屏桥与新雨桥形制相似，也是一座平式梁桥。顾名思义，瀑屏桥就是观瀑最佳之处，它的旁边就是公园里的人造瀑布。观飞瀑、赏游鱼、沐荷风，令人感觉快意无限。

瀑屏桥

紫竹桥是一座单肩石拱桥，桥面平坦，仿汉白玉桥栏杆，望柱形似竹节，桥栏面板上是云龙浮雕，整座桥显得大气端庄。

同心桥在公园北部，这座双曲拱桥是公园里最大的桥。桥北有个爱情角，那里是人们举办鹊桥会的风水宝地。传说，情侣在七夕那天走过这座桥，就能相伴终身，白头偕老。

紫竹桥

在公园东南门附近，还有多座石桥。无论是花影桥、碧云桥、小步桥、观鱼桥还是接龙桥，皆小巧玲珑，令人目不暇接，眼花缭乱。

当然，中山公园里最引人瞩目的桥还是龙桥。

同心桥

龙桥有中山公园的绝佳桥景。龙桥修建于1934年，当时，以钢筋混凝土浇筑两条巨龙为桥栏，谓之“双龙桥”。龙首高昂，距地面5米，龙身作翻腾状，长约10米，时人无不赞美该桥构

龙桥

思别致，造型生动。1938年秋冬之时，侵占武汉的日军将其捣毁，双龙不知所踪。2000年公园重新改造之时，在附近挖掘出数块破碎的龙身。武汉市园林雕塑院依据当年双龙桥的照片和残留碎块，重新精心制作了铜质双龙置于原桥址。新塑造的铜龙高大威猛，头角峥嵘，栩栩如生，精美绝伦。正所谓“潜龙在地六十年，飞龙重生冲九霄”，重塑的双龙象征着武汉市蓄势待发和蒸蒸日上的发展势头。

中山公园处于城市中心，公园里大大小小的桥梁不啻为城市桥梁文化的符号和历史的印记！

（文／刘建华）

中山公园的桥位于江汉区解放大道1265号中山公园内。

半是桂花半是桥

——解放公园的桥

解放公园位于汉口西北隅，占地面积46万平方米，是一座大型城市公园。1905年，英国商人以低廉的价格，在此买下800多亩土地，建立了西商赛马俱乐部。以后，法、俄、德、日、比等国洋商陆续加入，世人称此地为西商跑马场。1949年5月16日，武汉解放，这个洋商们的娱乐场所方才回到中国人民的手中。经过数年的修葺改造，于1955年5月16日武汉解放6周年之际正式对市民开放，改称解放公园。

金秋时节，园里的桂花开得正好，空气中满是馥郁浓香，沁人心脾。在公园里漫步，实在是一种惬意的享受！公园内主干道两侧依次有绿茵广场、盆景园、荷花池、水杉林和苏联空军志愿队烈士墓。一条宽阔的环园水道，如翠带般环绕整个公园，形成了以水为中心的园林绿化。有水，就有桥，园内水道上就有一座座大小不一的桥。

文华桥

虽然解放公园里的桥皆非古迹，却也形制各异，雅韵毕至，妙趣盎然。

涵秋桥

文华桥为一座单孔石拱桥，远观敦实，细看流畅。望柱朴实，栏板简朴，含蓄内敛，果然文华丰茂，给人以大度质朴的感觉，正所谓“茂苑文华地，流水古僧居”。

与文华桥相邻的涵秋桥位于公园内涵秋舫东南，与涵秋舫相互呼应。低矮的栏杆古朴、简洁，显得非常轻巧。盘云望柱高耸，整体造型与周围环境搭配得体。桥面突起，于园中形成小的起伏，别具新意。

照影桥则采用新颖罕见的大拱跨，其略呈方形模式的桥洞，令人耳目一新。桥体隽巧流畅，配以简朴的方形素面望柱和长板式栏板，给人以一种大度简约的感觉。流连于桥上，凭栏临水，或观游鱼，或看微波涟漪，情趣无限。

拥翠桥位于公园入口处，长 24 米，宽 4 米。这是一座别具风格的单跨拱桥，巧妙的是桥面不是单一的陡坡或平坡，而是阶梯与平台相结合，给人以端庄大气、宽敞豁达之感，设计颇为新颖。拥翠桥拥翠于绿树丛中，为园内自然美景平添了一份诗意。

落虹桥则采用大跨低拱矢比的结构，一跨飞越两岸，桥面平坦，行走其上，如在平地。全桥线条流畅，美观的攒尖顶望柱、镂空栏板，给人以简洁轻盈之感。

照影桥

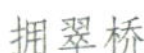

拥翠桥

落虹桥

沁芳桥

沁芳桥又是另一种桥型，混凝土桥墩配以刚构平梁的现代桥式，更为简约无华。在绿水盎然中，悄然横跨，毫不喧宾夺主。而且桥面平坦，更使游人可近临水面，陡增情趣。

漫步解放公园之中，桂香氤氲，一座座乍看相似，细节处却又不同的小桥散布其中，让人心中不由得产生一种别样的激动。或许，每一次感动，都在不经意的一瞬间。

（文 / 刘建华）

解放公园的桥位于江岸区解放大道 1861 号解放公园内。

漫步园中小桥边

——武汉动物园中的桥

人间四月天，正是踏青的好时节。从武汉动物园北门入园，即可信步走上马沧湖上的步行曲桥。这是一座大型临水曲桥，微风徐徐中，烟波浩渺，果是一处观景的上佳去处。

过曲桥，再走不远，是锦鲤园。一座小巧玲珑的单孔石拱桥悄然凌空，飞跨明镜般的水面。白色仿汉白玉的桥身，白色的桥栏和盘云石雕望柱，在绿荫笼罩之中，犹如出水芙蓉般，给人一种出尘脱俗的感觉。桥下水中，无数色彩斑斓的锦鲤游弋嬉戏。好一处美桥美景，令人流连，久久不愿离去。

走过曲折的林间小径，路边满是锦花芳草，前面不远处是水鸟湿地。站在临水的多曲栈桥上，更可从容地观赏水禽在湖面上嬉戏觅食。站在桥上远眺，尽是翠绿的树影，自是别有一番韵味。

小雨淋淋时，湖面上少有水鸟嬉戏觅食，朴实无华的栈桥和那如镜般的绿水，给人一种难得的静谧和一份难得的柔美，构成了微雨空蒙的一道绝美风景。从桥上远眺，翠绿的树影，在雨水的浸润下，显出一尘不染的素雅与鲜活；一株株水杉挺拔笔直的身影显出旺盛的生命力，自有一番独特韵味。

漫步园中，聆听着啁啾的鸟鸣，感受着人与自然的和谐与亲近。细细的雨丝洒在石楠微红的叶尖上，洒在垂柳婀娜的枝条上，留下点点晶莹的水珠。雨雾迷蒙，丝毫不减人们细品珍奇花木的兴致。

曲桥

锦鲤园石桥

湿地栈桥

九孔桥

继续沿着湖畔小路前行，前面不远处，便是九孔桥。

九孔桥又名凤鸣桥，是一座由 9 个拱圈组成的长 76.6 米的混凝土拱桥。桥体由花岗岩铺成，栏杆由汉白玉制作。两侧桥头各有两盏汉代建筑风格的石雕灯柱。石桥大气磅礴，造型优美流畅，有如长虹卧波，又如石龙入水，是园内一道亮丽的风景。

漫步于桥畔，雨，如此安静；时间，仿佛凝固了一般。这一刻，置身于此，远离尘嚣。或许，这就是石桥的神韵和魅力。

（文 / 刘建华）

武汉动物园中的桥位于汉阳区动物园路 60 号武汉动物园内。

三眼桥与长亭桥

——菱角湖公园的桥

菱角湖公园位于武汉市江汉区菱角湖路15号，属于汉口中心城区，西侧与新华路、唐家墩路交接，北边为国资大厦，南面接CFD时代财富中心、菱角湖壹号、天下城市星座（长江日报路），东侧紧邻湖北省新华医院。

在20世纪80年代以前，菱角湖因盛产菱角而得名，还有一个说法是因为湖面轮廓形似菱角而得名，公园现在的总面积有18.33万平方米。

菱角湖公园有两座桥，一座是三眼桥，一座是长亭桥。

三眼桥（陈红梅　摄）

三眼桥位于菱角湖公园的北部，从公园的东大门进入，再沿右边的一条健身步道前行百余米，即可看到这座桥。

三眼桥有三个孔，故称“三眼桥”，这座切实存在的三眼桥正好弥补了离菱角湖公园不远的三眼桥路的不足，因为在三眼桥路早已看不见“三眼桥”了，只空留一个名称。

三眼桥的长度也就二三十米，宽两米多，三孔为“门”形，桥身为钢筋混凝土结构，桥边有灰色的栏杆，雕有方形套叉的图案，与灰色的桥身融为一体，古朴而又不失雅韵。

三眼桥的下方北面为一圆形的池塘，南面是主湖菱角湖，三眼桥把一塘一湖连接起来，乘小船可以从池塘穿过三眼桥到菱角湖中。

三眼桥建在两个缓坡之上，是菱角湖公园最高的地方，可凭栏鸟瞰全湖的风景。当看到一湖倒影中鳞次栉比的大厦时，一个现代化的大都市即映在了画中，而桥则成了这幅画的观赏者。

菱角湖公园景点众多，但要说最显眼最亮丽的风景，当属公园里的一座长亭桥，因为那金碧辉煌的飞檐翘角亭首先就会吸引人的眼球，让人情不自禁地朝它走去，到亭子里坐一坐。那里也是情侣约会和老人健身的网红打卡地，一年四季都游人如织。

长亭桥位于菱角湖公园的南部，建于20世纪八九十年代，当时由钢筋混凝土建造，与湖堤垂直的短桥伸向湖中，上面建有亭子。2008年，武汉市政府提出“一湖一景”工程，将菱角湖纳入整治范围，经治理，当年菱角湖水质提升至5类。2014年，菱角湖开展治理工程，建人工湿地5000平方米，种水生植物3.6万平方米，补充湖水，安装曝气机等配套设备，同时翻修了亭子，桥长也由原来的几十米增加到200多米，宽2米，高3.6米。距岸边约30米处，形成了一T字形的栈道桥，并建有两个伸向湖中的观景台，观景效果进一步增强。

长亭桥不仅是一座景观桥，也是一座净化水质的功能桥，因为它就像是一座大坝，隔开了湿地，有利于湖水的净化。

走在长亭桥上的人不明白：为什么湿地这边的水面比湖面要高？实际上，长

长亭桥（陈红梅　摄）

亭桥是人工湿地与湖水的隔离带，是为了改善湖泊水质而建的。桥的内部中空，与水槽相似，可用于水体置换。湖水经水槽进入人工湿地，经透水性土工布、碎石、淤泥降解过滤以及水生植物的净化后，再由岸边另一水渠回到湖中。由于菱角湖是封闭水体，没有自净能力，所以才做此设计，这也成了菱角湖公园独特的一道景观。

垂柳依依，芦苇摇曳，草长花香，绿水盈盈。一年四季，长亭桥这里如诗如画，成了菱角湖公园老少皆宜的休闲地。

“长亭外，古道边，芳草碧连天。”晚风拂柳笛声扬，目送鸿雁飞斜阳，我明天还要去桥上。

（文 / 陈红梅）

菱角湖公园的桥位于江岸区菱角湖路 15 号菱角湖公园内。

枫桥倒影入池塘

——大学校园的桥梁

中国地质大学（武汉）的红军桥

红军桥

红军桥是中国地质大学（武汉）一口水塘上的混凝土桥，五跨，其中一跨落在西岸，有点像古代民居的一间敞厅，能够遮阳挡雨。

这口水塘系自然形成，20世纪70年代前期，地大迁来武汉，水塘划入校园，后得名“锦鲤塘”。1980年，地大在水塘上修建了一座桥，长109米，宽6米。水面与桥面的距离是5.6米，这是夏天测量的数据，到了冬天水位低，桥高会有所变化。像这样长度在100米以上并且有着近40年历史的桥梁，在国内的大学里并不多见。2015年，地大对这座桥进行了一次维修，把原来的白色改为蓝灰色。

红军桥的名称原是“电算站桥梁”，因为水塘旁边曾有一个电算站而得名。后来在桥东岸盖了一幢二层小楼，叫“红军楼”，于是赋予此桥梁一个新名字——“红军桥”。

水塘的南北两侧不远皆有马路，与红军桥平行。这座桥不但具有实用价值，又是很好的景观。桥边的建筑、树木、化石林，以及毕业时节身着不同颜色学位服拍照的学生，都给它添加了气韵，组成一幅美丽图画。

华中科技大学的弯桥

弯桥

华中科技大学主校区南四门内的池塘上有一座弯桥，建于2006年，钢筋混凝土结构，南北走向，有两个桥墩，水面距桥面6米，桥长73米，桥面车道宽8.7米，两侧的人行道各宽1.5米，金属栏杆高1.2米。弯桥的东侧有一座体育馆，北侧的一幢楼属于材料科学与工程学院。

若是在池塘上修建一道堤坝，或填平池塘，那样会更简单些，还能降低工程造价。这座弯桥北边的一口池塘上就有一道堤坝，可通汽车，有木质人行道。也许，在偌大的校园建造一座弯桥，除了实用，更是美观。

所谓弯桥，即桥面中心线在平面上为曲线的桥。华中科技大学的校园喻园很像棋盘，道路皆为南北、东西走向，在其中出现一条弯道，像是一部严肃艰涩的书偶见轻松之处，有一种别样的味道。

十几年来，华中科技大学的很多学生都从这座弯桥上走过，东侧的体育馆大约有7000个座位，每年本科生、研究生的开学典礼和毕业典礼均在这个体育馆举行。可以说，弯桥是一个象征，莘莘学子求学人生中的黄金时代从这里开始，又在这里结束。

（文/ 郑义华）

红军桥位于中国地质大学（武汉）校园内；弯桥位于华中科技大学主校区南四门内。

附　录

桥梁脸谱——武汉桥梁之最

★万里长江第一桥——武汉长江大桥，1957 年通车，是全国重点文物保护单位。

★长江上建造的第一座特大型预应力钢筋混凝土斜拉桥——武汉长江二桥，1995 年通车。

★世界首座主缆连续的三塔四跨悬索桥——武汉鹦鹉洲长江大桥，也是武汉第一座 8 车道跨江大桥，2014 年通车。

★当前长江上最宽的大桥——武汉青山长江大桥，桥面宽 48 米，2021 年通车。

★汉水上的第一桥——汉水铁路桥，1954 年建成通车。

★汉水上的第一座公路桥——江汉桥，1956 年通车。

★武汉地区当前主跨度最长、承载力最大、桥面最宽的钢筋混凝土桥梁——知音桥，1978 年通车。

★汉江拱桥中当前跨度最大、结构最新、技术含量最高的桥——晴川桥，2000 年通车。

★武汉第一座立交桥——琴台立交桥，1988 年建成通车。

★武汉第一座多层立交桥——航空路立交桥，1992 年建成通车。

★武汉最长的跨湖大桥——后官湖大桥，全长 5092 米，其中湖面段长约 4500 米，桥面宽 40.5 米，双向 8 车道，也是武汉最宽的高速公路桥梁，2015 年通车。

★武汉第一座单面斜拉索桥——后湖大桥，2008 年通车。

★亚洲同类最宽预应力混凝土斜拉桥——武汉四环汉江大桥，也叫武汉四环线汉江特大桥，2017 年通车。

★武汉汉江上最宽的桥——汉江湾桥，桥面宽度达 52.5 米，2021 年通车。

★武汉历史最悠久的桥——北洋桥，始建于唐代。